BARRON'S

VISUAL DICTIONARY
SPANISH

CONTENTS
TABLA DE CONTENIDOS

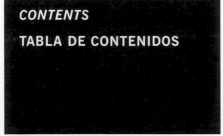

IMAGES ACTIVATE THE MEMORY – BUT HOW?

Dear reader,

For many years educational psychologists have encouraged the use of images in language study. Perhaps this is something you have experienced yourself— if you see a word coupled with an image, your memory is more likely to be activated than if you simply encounter the written word on its own. So if your goal is to understand and memorize vocabulary as well as to simply look it up, combining words with images is an effective way of ensuring greater levels of success. This is due to a few simple reasons:

→ **Images affect us more quickly and more directly than text alone.** As small children we think in images and are able to interpret and absorb them intuitively. When these pictures are linked to words, they form a unit that the mind is able to process and store efficiently.

→ **Images support comprehension.** They provide us with a context and deliver much more information than words alone.

→ **Images speak to us on an emotional level.** They capture our interest, increase our motivation, and lodge themselves in our memory in a way that pure text fails to.

→ **Images are fun.** While blocks of text may deter us, pictures keep the learning process light and easy—and that keeps us going longer.

See it, understand it, memorize it—that's how simple visual learning can be. Why don't you give it a try?

Yours,

Barron's Dictionaries

SE APRENDE MEJOR CON IMÁGENES,
¿POR QUÉ?

Querida lectora, querido lector:

Gracias a la psicología del aprendizaje hace años que sabemos la importancia que tienen las imágenes en la retención y aprendizaje de términos. ¿Sabía que si ve una imagen y, automáticamente, relaciona una palabra con ella, el término queda registrado mucho más rápidamente en la memoria que si solo leyera la palabra escrita? Por lo tanto, si al aprender un idioma extranjero se trata no solo de consultar el vocabulario que se desconoce sino de entenderlo y de memorizarlo, las imágenes favorecen un aprendizaje mucho más rápido y eficaz. Todo esto tiene razones muy sencillas:

→ **Las imágenes tienen un efecto más rápido y directo que el simple texto.** Desde la edad más temprana pensamos en imágenes, somos capaces de descifrarlas, interpretarlas y memorizarlas intuitivamente. Si imagen y palabra quedan vinculadas, forman una unidad que nuestro cerebro procesa y almacena con gran eficacia.

→ **Las imágenes facilitan y fomentan la comprensión.** Las imágenes transmiten contextos y nos proporcionan una información más clara que el mero texto.

→ **Las imágenes tienen una gran carga emocional.** Despiertan nuestro interés, aumentan nuestra motivación y arraigan en la mente mucho más fácilmente que el texto.

→ **Las imágenes nos alegran siempre.** Las imágenes nos proporcionan diversión mientras aprendemos allí donde solo nos veríamos desalentados por un texto extenso, así que, automáticamente, centramos nuestra atención durante un periodo de tiempo más prolongado.

Visto, entendido y memorizado, así de fácil puede resultar el aprendizaje visual. ¡Convénzase usted mismo!

Su

Redacción Barron's

HOW TO GET THE MOST OUT OF YOUR DICTIONARY

strawberry
la fresa

raspberry
la frambuesa

blackberry
la (zarza)mora

blueberry
el arándano

Whether you're just starting out or already have sound knowledge of your chosen language—this dictionary is the perfect companion. With around 7,500 terms in each language, it covers all areas of day-to-day usage. The combination of word and image helps you to look up, translate, and memorize words with ease. Before you start, here are a few tips on how to get the most from your dictionary:

No importa si hace poco que comenzó a aprender una lengua extranjera o si ya goza de buenos conocimientos: este diccionario es en todo caso un compañero útil y fiel. Los 7 500 términos en cada idioma abarcan todos los ámbitos de la vida cotidiana. La combinación de imagen y término favorece la consulta, la traducción y la memorización sin esfuerzo. A continuación los consejos más importantes para sacarle el mayor partido a este diccionario.

1. Learning words in context

You are more likely to remember words if you learn them in context. For this reason we have divided the dictionary according to different aspects of everyday living. Whichever topic you start with—be it shopping, clothing, groceries, or family—try to regard the subject in its entirety and memorize as many words belonging to it as possible. You will be amazed how many words you learn in no time at all.

1. Aprender términos en su contexto

Cualquier término se memoriza mucho más rápido si se aprende en su contexto. Por esta razón hemos dividido el diccionario en campos temáticos de la vida cotidiana. Es indiferente el tema que elija (ir de compras, ropa, alimentos o familia y parentescos), considere cada campo temático como una unidad y trate de asimilar de cada tema tantas palabras como pueda. Seguro que se sorprenderá al comprobar cuánto vocabulario es capaz de memorizar en tan corto espacio de tiempo.

LA MANERA MÁS EFICAZ DE TRABAJAR CON EL DICCIONARIO VISUAL

Congratulations!	¡Felicidades!
Happy Birthday!	¡Feliz cumpleaños!
What time is it, please?	¿Qué hora es?
It's two o'clock.	Son las dos.
Enjoy your meal!	¡Buen provecho!
Cheers!	¡Salud!

① ②

2. Key phrases at a glance

Whether asking for the time or saying happy birthday, you will find the most frequent and important phrases surrounding a topic in each of the 13 chapters. Master these key sentences and you will have laid the foundations for sound communication skills.

2. Las expresiones más importantes de un solo vistazo

Preguntar por la hora o felicitar un cumpleaños en una lengua extranjera: En los 13 capítulos ordenados según diferentes temas encontrará, además de las imágenes con su término correspondiente, las expresiones más importantes para las situaciones más frecuentes. Memorice bien estas expresiones y habrá conseguido cimentar la comunicación en esa lengua.

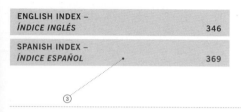

gluten-free
sin gluten

lactose-free
sin lactosa

3. Translating quickly and easily

In a hurry? Simply look up a translation in the alphabetical index at the back of the book. Here you'll find every Spanish and English word you need in no time.

3. Traduzca rápidamente

Cuando tenga que consultar una traducción con rapidez nada más fácil que ir al índice de términos en el apéndice del diccionario. Allí encontrará todos y cada uno de los términos en inglés y español perfectamente ordenados según el alfabeto.

4. In emergencies

Pictures are universal and understood by all. Should you ever find yourself short of the words you need, simply point to what you want to say. Whether you are in a hotel, a restaurant, or out and about— pictures help you to communicate without language wherever in the world you may be.

4. En caso de emergencia

Las imágenes representan un lenguaje universal entendido por todas las culturas. Si alguna vez se queda sin la palabra adecuada, simplemente señale la imagen correspondiente. Sea en un hotel, en un restaurante o en la calle, así podrá hacerse entender sin palabras en cualquier parte del mundo.

bank clerk
la empleada titulada
de banca

teacher
el profesor

engineer
la ingeniera

waiter
el camarero

Good to know

The terms in this dictionary are always given in the singular unless they are normally used only in their plural form.

Lo que todavía debería saber

Los términos de este diccionario aparecen siempre en singular, a excepción de aquellos que, por regla general, solo se utilizan en su forma plural.

Certain terms such as those denoting job titles may not always be gender-neutral. While it is important to treat male and female terms equally, space constraints in this dictionary have prevented us from always giving both variants. For this reason we have oriented ourselves according to the gender of the person shown in the respective image.

Para nosotros era muy importante tratar con igualdad e igualitariamente las actividades, la profesión o la categoría profesional de hombres y mujeres. Sin embargo, por motivos de espacio, ha sido imposible plasmar siempre la versión femenina y la masculina, viéndonos obligados a decantarnos por una u otra. Así, el género del término se ciñe siempre a la imagen que aparece.

PEOPLE

GENTE

FAMILY – **LA FAMILIA**

Family tree – El árbol genealógico

father-in-law
el suegro

mother-in-law
la suegra

sister-in-law
la cuñada

brother-in-law
el cuñado

husband
el marido

wife
la esposa

son-in-law
el yerno

daughter
la hija

son
el hijo

grandson
el nieto

granddaughter
la nieta

FAMILY – **LA FAMILIA**

Family tree – El árbol genealógico

grandfather
el abuelo

grandmother
la abuela

mother
la madre

father
el padre

aunt
la tía

uncle
el tío

sister
la hermana

brother
el hermano

cousin
la prima

niece
la sobrina

nephew
el sobrino

relative	el pariente
grandparents	los abuelos
parents	los padres
married couple	el matrimonio
ancestor	el antepasado
single	soltero (-a)
married	casado (-a)
divorced	divorciado (-a)
engaged	prometido (-a)
widowed	viudo (-a)
related	emparentado (-a)

RELATIONSHIPS – **RELACIONES SOCIALES**

Family and life's phases – Familia y fases en la vida

baby
el bebé

child
el (la) niño (-a)

Mr. …
señor…

man
el hombre

teenager
el (la) joven

twins
Los (las) gemelos (-as)

woman
la mujer

Mrs./Ms./Miss …
señora/señorita

boy
el muchacho

girl
la muchacha

acquaintance
el (la) conocido (-a)

friends
los (las) amigos (-as)

couple
la pareja

girlfriend
la novia

boyfriend
el novio

adults	el adulto
siblings	los hermanos
godfather	el padrino
godmother	la madrina
stepfather	el padrastro
stepmother	la madrastra
stepbrother	el hermanastro
stepsister	la hermanastra
neighbor	el vecino
house guest	el/la huesped

RELATIONSHIPS – **RELACIONES SOCIALES**

Saying hello and goodbye – Saludar y despedirse

to introduce somebody
presentar a alguien

to greet somebody
saludar a alguien

to shake hands
darse la mano

to bow
hacer una reverencia

to hug
abrazarse

to laugh
reír

to cry
llorar

to say goodbye
despedirse

to curtsy
hacer una ligera
reverencia

to wave
saludar con la mano

to give somebody a kiss
darle a alguien un beso

to call somebody
llamar a alguien por
teléfono

Hi!	¡Hola!
Hello!	¡Buenos días!
Good morning!	¡Buenos días!
Good evening!	¡Buenas tardes!/¡Buenas noches!
What's your name?	¿Cómo te llamas?
What's your name?	¿Cómo se llama usted?
My name is ...	Me llamo...
Welcome!	¡Bienvenido!/¡Bienvenida!
Bye!	¡chao!
Goodbye!	¡Adiós!

small gift
el regalo

LIFE'S MILESTONES – SUCESOS EN LA VIDA

Celebrations – Festejos

wedding
la boda

birthday
el cumpleaños

Christmas
la Navidad

Valentine's Day
el Día de San Valentín

Thanksgiving
el Día de Acción
de Gracias

Halloween
la fiesta de Halloween

New Year's Eve
Despedida de Año

Easter
la Pascua de
Resurrección

Hanukkah
la Hannukkah

Vesakh
el Vesak

Ramadan
el Ramadán

Chinese new year
el año nuevo chino

carnival
el carnaval

Diwali	el Divali
Passover	el Pésaj
celebration	la festividad
anniversary	el aniversario de boda
public holiday	el día festivo
Mother's day	el Día de la Madre
Father's day	el Día del Padre
christening	el bautizo
Congratulations!	¡Felicidades!
Happy birthday!	¡Feliz cumpleaños!

LIFE'S MILESTONES – **SUCESOS EN LA VIDA**

Turning points – Momentos decisivos

birth
el nacimiento

kindergarten
el kinder

first day of school
el primer día de clases

prom
el baile de graduación

to get engaged
prometerse

to fall in love
enamorarse

entry into the workforce
la entrada en el mundo
laboral

graduation
la graduación
universitaria

to marry
casarse

pregnancy
el embarazo

to move
mudarse

to retire
jubilarse

to come of age	cumplir la mayoría de edad
to propose to somebody	pedir la mano de alguien
wedding dress	el traje de novia
bride	la novia
groom	el novio
to start a family	formar una familia
divorce	el divorcio
to get divorced	divorciarse
to die	morir

funeral
el funeral

DESCRIBING PEOPLE – **DESCRIPCIONES DE PERSONAS**

The face – La cara

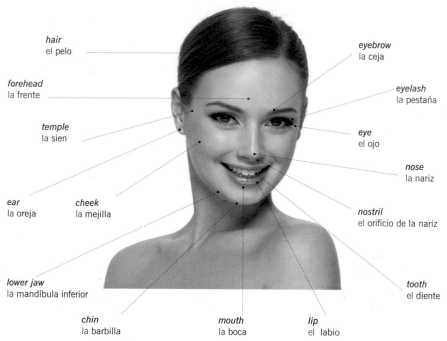

hair
el pelo

forehead
la frente

temple
la sien

ear
la oreja

cheek
la mejilla

lower jaw
la mandíbula inferior

chin
la barbilla

mouth
la boca

lip
el labio

eyebrow
la ceja

eyelash
la pestaña

eye
el ojo

nose
la nariz

nostril
el orificio de la nariz

tooth
el diente

to make a face
poner una cara

skin	la piel
wrinkle	la arruga
mole	el lunar
dimple	el hoyuelo
freckles	las pecas
pore	el poro
pimple	la espinilla

DESCRIBING PEOPLE – DESCRIPCIONES DE PERSONAS

Hair – El cabello

wavy
ondulado (-a)

red-haired
pelirrojo (-a)

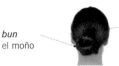

bun
el moño

brunette
castaño (-a)

short haircut
el pelo corto

graying
entrecano (-a)

bangs
el flequillo

highlights
las mechas

wig
la peluca

layered style
el corte escalado

bob
el corte bob

straight
liso (-a)

blonde
rubio (-a)

dark
oscuro (-a)

bald
calva

ponytail
la cola (de caballo)

curly
rizado (-a)

braid
la trenza

DESCRIBING PEOPLE – **DESCRIPCIONES DE PERSONAS**

Outer appearance – La apariencia exterior

beard
la barba

mustache
el bigote

young
joven

old
viejo (-a)

muscular
musculoso (-a)

braces
el aparato de ortodoncia

pale
pálido (-a)

tanned
bronceado (-a)

green eyes
los ojos verdes

brown eyes
los ojos castaños

gray eyes
los ojos grises

blue eyes
los ojos azules

attractive	atractivo (-a)
pretty	guapo (-a)
ugly	feo (-a)
beautiful	bello (-a)
to judge somebody by his/her appearance	juzgar a alguien por su apariencia
slim	delgado (-a)
fat	gordo (-a)
tall	alto (-a)
short	bajo (-a)
scar	la cicatriz

DESCRIBING PEOPLE – **DESCRIPCIONES DE PERSONAS**

Feelings and personality – Sentimientos y personalidad

happy
feliz

proud
orgulloso (-a)

surprised
sorprendido (-a)

excited
nervioso (-a)

embarrassed
avergonzado (-a)

confused
confuso (-a)

shy
tímido (-a)

pensive
pensativo (-a)

curious
curioso (-a)

cute
lindo (-a)

in love
enamorado (-a)

confident
seguro (-a) de sí mismo (-a)

open	abierto (-a)
tolerant	tolerante
patient	paciente
friendly	amable
likeable	simpático (-a)
nice	agradable
to smile	sonreír
I am annoyed/happy/sad.	Estoy enojado (-a)/contento (-a)/triste.

DESCRIBING PEOPLE – DESCRIPCIONES DE PERSONAS

Feelings and personality – Sentimientos y personalidad

sad
triste

stressed
estresado (-a)

irritated
enojado (-a)

furious
furioso (-a)

jealous
celoso (-a)

scared
atemorizado (-a)

nervous
nervioso (-a)

tired
cansado (-a)

disgusted
asqueado (-a)

stubborn
terco (-a)

bored
aburrido (-a)

angry
enfadado (-a)

to frown	fruncir el ceño
upset	molesto (-a)
unpleasant	antipático (-a)
desperate	desesperado (-a)
envious	sentir envidia
impatient	impaciente
arrogant	arrogante
intolerant	intolerante
sensitive	sensible

CLOTHING – **LA ROPA**

Baby things – Para bebés

cloth diaper
el pañal de tela

disposable diaper
el pañal de usar y tirar

onesie
el bodi

snow suit
el traje para nieve

baby sleeping bag
el saco de dormir

rattle
el sonajero

romper
el pelele

mitten
la manopla de bebé

knitted hat
el gorro

bootie
el peúco

sun hat
la gorra

sock
el calcetín

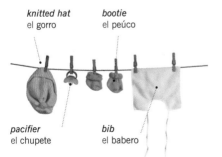

pacifier
el chupete

bib
el babero

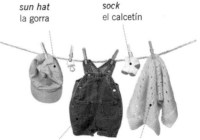

overalls
el overol

receiving blanket
la mantita

baby bottle	el biberón
organic cotton	el algodón organico
made of synthetic material	de fibra sintética

CLOTHING – LA ROPA

Unisex clothing – Ropa unisex

pajamas
el pijama

slipper
la pantufla

hoodie
la sudadera con capucha

tracksuit
el chándal

athletic shoe
la zapatilla de deporte

bathrobe
el albornoz

winter coat
el abrigo

raincoat
el impermeable

snow pants
el pantalón de esquí

May I please try this on?	¿Podría probármelo (-a)?
Do you have this in a bigger/smaller size?	¿Tiene una talla más grande/pequeña?
tight/loose	estrecho (-a)/ancho (-a)
short/long	corto (-a)/largo (-a)
small/big	pequeño (-a)/grande
This fits nicely, I'll take it.	Esto me queda bien, me lo/la llevo.
with short/long sleeves	de manga corta/larga
button	el botón
snap	el broche de presión
buttonhole	el ojal

CLOTHING – **LA ROPA**

Menswear – Ropa de caballero

T-shirt
la camiseta

polo shirt
el polo

turtleneck
el jersey de cuello alto

suit
el traje

collar
el cuello

tie
la corbata

shirt
la camisa

sports jacket
la chaqueta

trousers
el pantalón

down vest
el chaleco de plumas

sweater vest
el chaleco de punto

bow tie
la pajarita

shorts
el pantalón corto

boxers
el (calzoncillo) bóxer

underpants
el calzoncillo

bathing suit
el traje de baño

CLOTHING – LA ROPA

Women's clothing – Ropa de señoras

stockings
las medias

tights
las pantimedias

leggings
los leggings

briefs
la braguita

bikini
el biquini

swimsuit
el traje de baño

sports bra
el sujetador de deporte

bra
el sujetador

frill
el volante

maternity wear	la moda premamá
seam	la costura
sleeve	la manga
hem	el dobladillo
silk	la seda
lace	la puntilla
size	la talla
neckline	el escote
strapless	sin tirantes
fitted	entallado (-a)
casual	informal
formal	formal
comfortable	cómodo (-a)
stretchy	con Elastán®
fashionable	a la/de moda

CLOTHING – LA ROPA

Women's clothing – Ropa de señoras

bow
el lazo

dress
ol vestido

camisole
la camisola

blouse
la blusa

cardigan
la chaqueta de punto

skirt
la falda

shoulder pad
la hombrera

blazer
el/la blazer

top
el top

jeans
los jeans

ankle boot
el botín

shorts
el short

straight-legged pants
el pantalón de pitillo

bell-bottoms
el pantalón de campana

boot-cut pants
el pantalón estilo boot cut

CLOTHING – LA ROPA

Accessories – Accesorios

sun hat
el sombrero de paja

hat
el sombrero

glasses
las gafas

sunglasses
las gafas de sol

backpack
la mochila

tiepin
el alfiler de corbata

umbrella
el paraguas

watch
el reloj

suspenders
los tirantes

ring
el anillo

glove
el guante

cap
el gorro

scarf
la bufanda

earrings
los aretes

necklace
el collar

cuff links
los gemelos

zipper	la cremallera
Velcro®	el cierre de velcro
cell phone case	la funda para el celular
travel bag	la bolsa de viaje
suitcase	la maleta

CLOTHING – **LA ROPA**

Shoes and leather goods – Zapatos y artículos de piel

high heel
el zapato de tacón

sandals
las sandalias

ballet flat
la bailarina

rain boot
las botas de goma

flip-flop
la chancleta

boot
la bota

handbag
la bolso (de mano)

purse
el monedero

wallet
la cartera

briefcase
el maletín

belt
el cinturón

leather jacket
la chaqueta de cuero

oxford shoes
los zapatos de cordon

walking boot
la bota de montaña

sock
el calcetín

shoelace	el cordón
belt loop	la trabilla
wedge heel	el tacón de cuña
heel	el tacón
sole	la suela
strap	la correa
buckle	la hebilla

hiking sandal
la sandalia de montaña

sneakers
las zapatillas de deporte

PERSONAL HYGIENE –
HIGIENE PERSONAL

toothpaste
la pasta de dientes

perfume
el perfume

deodorant
el desodorante

face cream
la crema facial

comb
el peine

shower gel
el gel de ducha

shampoo
el champú

conditioner
la crema
(acondicionadora)

soap
el jabón

hairbrush
el cepillo para el pelo

sunscreen
la protección solar

cosmetic bag
la bolsa de aseo

tweezers
las pinzas

nail scissors
la tijera para uñas

nail file
la lima (de uñas)

hair clip
el pasador

moisturizer	la crema hidratante
to *pluck one's eyebrows*	depilar las cejas
depilation	la depilación
nail polish remover	el quitaesmalte
hair product	el producto para el pelo
to *blow-dry one's hair*	secarse el pelo con el secador
to *straighten one's hair*	alisarse el pelo
scrunchie	la goma para el pelo

COSMETICS –
PARA MAQUILLARSE

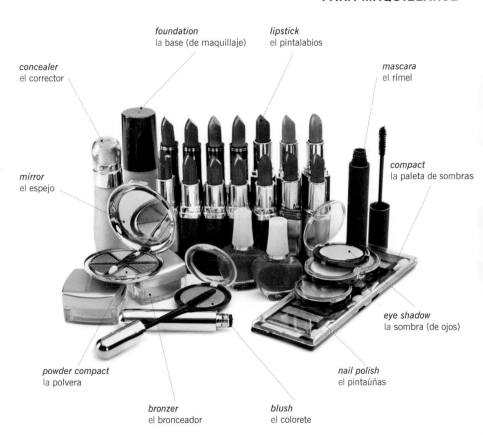

foundation
la base (de maquillaje)

lipstick
el pintalabios

concealer
el corrector

mascara
el rímel

mirror
el espejo

compact
la paleta de sombras

eye shadow
la sombra (de ojos)

powder compact
la polvera

nail polish
el pintaúñas

bronzer
el bronceador

blush
el colorete

brush	el pincel
eyeliner	el lápiz de ojos
lip gloss	el brillo para labios
eyelash curler	el rizador de pestañas

AT HOME

EN CASA

THE APARTMENT –
EL APARTAMENTO

front-door key
la llave de la puerta

intercom
el interfono

house number
el número de la casa

doorbell
el timbre

door lock
el cerradura de la puerta

doormat
el felpudo

mailbox
el buzón

detached house
la casa unifamiliar

two semi-detached houses
las casas contiguas

townhouse
la casa adosada

apartment building
el edificio de viviendas

bungalow
el bungaló

umbrella stand
el paragüero

condominium	el apartamento en propiedad
rented apartment	el apartamento de alquiler
courtyard	el patio
property	la propiedad
plot	el terreno
to remodel	para remodelar
extension	la ampliación
for sale	se vende

THE APARTMENT –
EL APARTAMENTO

attic
el desván

cellar
el sótano

hallway
el pasillo

elevator
el elevador

floor plan
el plano

garage
el garaje

carport
el carport

old building
el edificio viejo

super
el portero

spiral staircase
la escalera de caracol

smoke detector
el detector de humos

stairwell
la escalera

to rent	alquilar
rent	el alquiler
to sublet	alquilar
landlord	el arrendador
landlady	la arrendadora
tenant (male)	el inquilino
tenant (female)	la inquilina
deposit	el depósito

lease agreement
el contrato de alquiler

THE HOUSE –
LA CASA

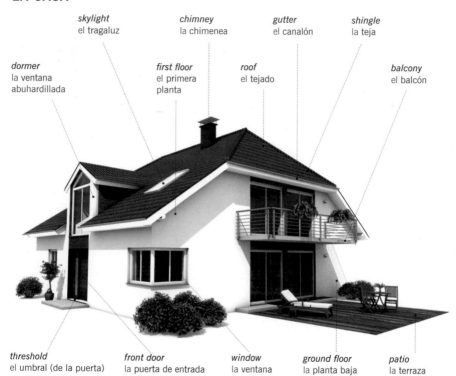

skylight
el tragaluz

chimney
la chimenea

gutter
el canalón

shingle
la teja

dormer
la ventana
abuhardillada

first floor
el primera
planta

roof
el tejado

balcony
el balcón

threshold
el umbral (de la puerta)

front door
la puerta de entrada

window
la ventana

ground floor
la planta baja

patio
la terraza

detached house	la casa individual
new building	la casa de nueva construcción
three-room apartment	el apartamento de tres habitaciones
furnished	amueblado (-a)
floor	la planta
owner (male)	el propietario
owner (female)	la propietaria
to *take out a mortgage*	hipotecar

THE HOUSE – **LA CASA**

The entrance foyer – La entrada

foyer
el recibidor

mirror
el espejo

armchair
la butaca

side table
la mesita

front door
la puerta principal

coat stand
el perchero

umbrella stand
el paragüero

banister
la barandilla

stairs
la escalera

landing
el descansillo

step
el escalón

key hooks
el colgador para llaves

coat hook
el colgadero

coat hanger
la percha

shoehorn
el calzador

THE HOUSE – LA CASA

The living room – La sala de estar

mirror
el espejo

fan
el ventilador

picture frame
el marco

curtain
la cortina

ceiling
el techo

painting
el cuadro

sofa
el sofá

lamp
la lámpara

cushion
el cojín

end table
la mesita

mantel
la repisa de la chimenea

ottoman
el puf acolchado

carpeting
la alfombra

fireplace
la chimenea

armchair
el sillón

coffee table
la mesita

sofa bed
el sofá cama

cabinet
la vitrina

TV stand
el banco de televisión

bookshelf
la estantería para libros

THE HOUSE – LA CASA

The dining room – El comedor

roller shades
los persianas enrollables

chandelier
la lámpara de araña

cabinet
la vitrina

houseplant
la planta de interior

window sill
el alféizar

runner
el camino de mesa

candle
la vela

chair
la silla

dining table
la mesa comedor

table decoration
la decoración de la mesa

hardwood floor
el piso de madera

vase
el jarrón

sideboard
el aparador

wall clock
el reloj de pared

high chair
la trona

THE HOUSE – **LA CASA**

The kitchen – La cocina

custom kitchen
la cocina americana

recessed lights
la lámpara empotrada

range hood
la campana (extractora)

countertop
la encimera

wall cabinet
el armario colgante

control knob
el mando del horno

stove
la estufa

oven
el horno

sink
el fregadero

kitchen stool
el taburete (de cocina)

drawer
el cajón

fridge
la refrigerador

breakfast bar
el desayunador

dishwasher
el/la lavaplatos

freezer
la congelador

dish towel
el trapo de cocina

garbage pail	el cubo de basura
waste separation	la separación de basuras
packaging	el envase
glass for recycling	el vidrio reciclable
to preheat the oven	precalentar el horno
to run the dishwasher	poner el lavaplatos
to thaw food	descongelar la comida
to drain the sink	dejar escurrir los platos

THE HOUSE – **LA CASA**

Kitchen appliances – Aparatos y utensilios de cocina

hand-held blender
la batidora de pie

blender
la batidora

food processor
el procesador de alimentos

microwave
el microondas

hand mixer
la batidora de mano

electric kettle
el hervidor de agua eléctrico

waffle iron
la gofrera

electric barbeque
la parrilla eléctrica

toaster
la tostadora

kitchen scale
la balanza de cocina

pressure cooker
la olla a presión

sandwich toaster
la sandwichera

coffee machine
la máquina de café

steam cooker
la vaporera eléctrica

raclette grill
la (plancha para) raclette

rice cooker
la arrocera eléctrica

THE HOUSE – **LA CASA**

Cooking and baking utensils – Utensilios para cocinar

egg timer
el minutero

cookie cutter
el molde para pastas

paper towel roll
le papel de cocina

apron
el delantal

cupcake liners
las moldes de papel

cupcake pan
el molde para
magdalenas

springform pan
el molde redondo
desmontable

baking tray
la bandeja para el horno

knife sharpener
el afilador de cuchillos

pastry wheel
el cortapastas

oven mitt
la manopla de cocina

tray
la bandeja

hourglass
el reloj de arena

cake rack	la rejilla de cocina
piping bag	la manga pastelera
parchment paper	el papel de horno
plastic wrap	el film transparente
cleaning rag	el trapo para limpiar
tinfoil	el papel de aluminio
freezer bag	la bolsa para congelados
mixing bowl	el bol para mezclar

THE HOUSE – LA CASA

Cooking and baking utensils – Utensilios para cocinar

peeler
el pelador

grater
el rallador

meat cleaver
el hacha de cocinero

kitchen knife
el cuchillo de cocina

sieve
el colador

colander
el escurridor

potato masher
el machaca papa

garlic press
el prensa ajos

ladle
el cazo

whisk
el batidor

skewer
el pincho

can opener
el abrelatas

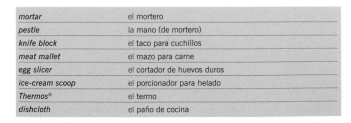

mortar	el mortero
pestle	la mano (de mortero)
knife block	el taco para cuchillos
meat mallet	el mazo para carne
egg slicer	el cortador de huevos duros
ice-cream scoop	el porcionador para helado
Thermos®	el termo
dishcloth	el paño de cocina

cutting board
la tabla de cortar

THE HOUSE – **LA CASA**

Cooking and baking utensils – Utensilios para cocinar

corkscrew
el sacacorchos

pastry brush
el pincel de cocina

rolling pin
el rodillo

slotted spatula
la rasera

tongs
las pinzas de cocina

kitchen spatula
la espátula de cocina

serving spoon
el cucharón

wooden spoon
el cuchara de madera

frying pan
la sartén

wok
el wok

saucepan
la olla

casserole
la cacerola

ramekin
el molde individual

carving fork	el tenedor de cocina
trivet	el salvamanteles
grilling pan	la sartén para carne
measuring cup	el (vaso) medidor
funnel	el embudo
measuring spoon	la cuchara dosificadora
draining board	el escurreplatos
bottle opener	el abrebotellas

THE HOUSE – **LA CASA**

The bedroom – El dormitorio

duvet cover
la funda de edredón

duvet
el edredón

headboard
la cabecera

double bed
la cama de matrimonio

pillow
la almohada

pillowcase
la funda de la almohada

bedside lamp
la lamparilla

chest of drawers
la cómoda

bed frame
el armazón de la cama

sheet
la sábana bajera

rug
la alfombra

ottoman
el puf

mattress
el colchón

bedside table
la mesita de noche

wardrobe	el armario (ropero)
alarm clock	el despertador
to set the alarm clock	poner el despertador
hot-water bottle	la bolsa de agua
electric blanket	la cobija eléctrica
bedspread	el cubrecama
sleep mask	el antifaz (para dormir)
en suite bathroom	la habitación con baño

THE HOUSE – **LA CASA**

The nursery – El cuarto de los niños

ball
la pelota

doll
la muñeca

crib
la cuna

soft blanket
la cobija de lana

mobile
el móvil para
bebés

bar
el barrote

diaper bag
la bolsa del bebé

stroller
el carrito

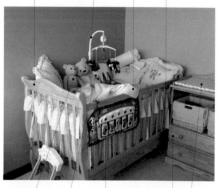

baby monitor
el intercomunicador

playpen
el parque

teddy bear
el oso de
peluche

cuddly toy
el peluche

changing table
el cambiador

changing mat
el cambiador de
sobremesa

toy
el juguete

potty
el orinal

baby carrier
el capazo

backpack
la mochila

building blocks
los bloques de construcción

THE HOUSE – **LA CASA**

Teenager's bedroom – El cuarto del adolescente

single bed
la cama

pendant light
la lámpara

desk
el escritorio

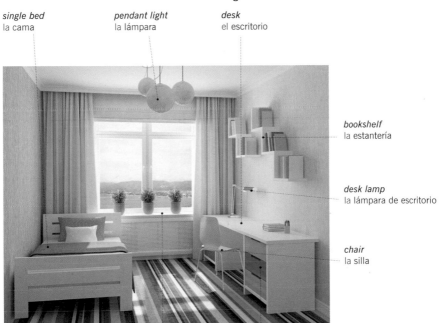

bookshelf
la estantería

desk lamp
la lámpara de escritorio

chair
la silla

carpeting
la alfombra

window sill
la repisa de la ventana

drawer
elcajón

bunk bed	la litera
to sleep	dormir
to go to sleep	quedarse dormido (-a)
to snore	roncar
to be awake	estar despierto (-a)
to dream	soñar
nightmare	la pesadilla

to be sound asleep	dormir profundamento
to wake up	despertar
to sleep in	dormir hasta tarde
to get up	levantarse
to make the bed	hacer la cama
to go to bed	irse a la cama
to clean one's room	arreglar la habitación

THE HOUSE – LA CASA

The study – El cuarto de trabajo

picture frame
el marco

patio door
la cristalera corredera

bookcase
el mueble librería

houseplant
la planta de interior

photo
la foto

daylight
la luz de día

laptop
el (computadora)
portátil

back rest
el respaldo

armchair
el sillón

desk
el escritorio

roller bin
la cajonera con ruedas

swivel chair
la silla de escritorio

arm rest
el reposabrazos

document	el documento
tax return	la declaración de impuestos
to *work*	trabajar
to *concentrate*	concentrarse
overtime	la hora extra
to *work from home*	trabajar desde casa
to *take a break*	tomarse un descanso
to *be self-employed*	ser autónomo (-a)

THE HOUSE – **LA CASA**

The bathroom – El cuarto de baño

mirror
el espejo

sink
el lavabo

soap dispenser
el dispensador
de jabón

sink cabinet
el mueble del
lavabo

shower stall
la mampara de ducha

shower
la ducha

towel bar
el toallero

towel
la toalla

faucet
el grifo

bathtub
la bañera

toilet
el inodoro

toilet flush
la cisterna

toilet tank
el depósito de la cisterna

to go to the bathroom
ir al baño

toilet lid
la tapa del inodoro

toilet seat
el asiento del inodoro

toilet bowl
la taza del inodoro

toilet brush
la escobilla

toilet paper
el papel higiénico

air freshener
el ambientador

toilet sanitizer
el bloc desodorante

THE HOUSE – LA CASA

Heating and plumbing – Instalaciones sanitarias

electric boiler
el calentador eléctrico

wall-mounted gas boiler
el calentador de gas

container
el depósito

thermostat
el termostato

warm water supply
la toma de agua caliente

cold water supply
la toma de agua fría

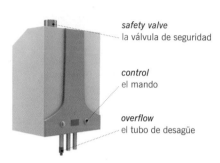

safety valve
la válvula de seguridad

control
el mando

overflow
el tubo de desagüe

sink
el lavabo

supply pipe
la conducción

stop valve
la llave de paso

drain
el desagüe

siphon
el sifón

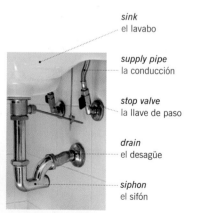

toilet tank
el depósito de la cisterna

flush valve
el tirador

overflow
el rebosadero

THE HOUSE – LA CASA

In the bathroom – En el cuarto de baño

cotton wool pad
el disco de algodón

exfoliating sponge
la esponja

curling iron
el rizador

hair straightener
las planchas

electric razor
la máquina de afeitar

sponge cloth
el paño esponja

dental floss
el hilo dental

toothbrush
el cepillo de dientes

tissue
el pañuelo de papel

cotton swab
el bastoncillo

hairdryer
el secador

shaving cream
la espuma de afeitar

razor
la maquinilla de afeitar

washcloth	el paño
mouthwash	el enjuague bucal
to shave	afeitarse
to freshen up	refrescarse
to put on makeup	maquillarse
to brush one's teeth	lavarse los dientes
aftershave	el after shave
showerhead	la cabezal de la ducha
shower curtain	la cortina
bathmat	la alfombrilla
to wash	lavarse
to take a bath	bañarse
to turn on/off the faucet	abrir/cerrar el grifo
to shower	ducharse

THE HOUSE – LA CASA

The laundry room – La lavandería

laundry basket
la cesta de la ropa

folded laundry
la ropa doblada

washing machine
la lavadora

detergent drawer
el cajón dosificador

front-loader
la lavadora de carga
frontal

clothesline
la cuerda para tender
la ropa

clothespin
la pinza

stain remover
el quitamanchas

fabric softener
el suavizante

bleach
la lejía

laundry detergent
el detergente en polvo

iron
la plancha

ironing board
la tabla de planchar

to *fill the washing machine*	llenar la lavadora
to *do the laundry*	lavar la ropa
to *spin cycle*	centrifugar la ropa
drying rack	el tendedero
clothes dryer	secadora
laundry basket	el cesto de la ropa sucia
to *hang up the laundry for drying*	tender la ropa para que se seque
to *iron*	planchar

THE HOUSE – LA CASA

Cleaning equipment – Artículos de limpieza

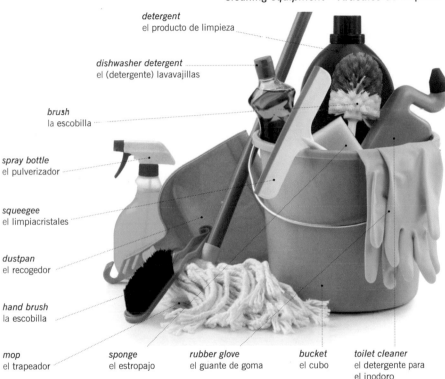

detergent
el producto de limpieza

dishwasher detergent
el (detergente) lavavajillas

brush
la escobilla

spray bottle
el pulverizador

squeegee
el limpiacristales

dustpan
el recogedor

hand brush
la escobilla

mop
el trapeador

sponge
el estropajo

rubber glove
el guante de goma

bucket
el cubo

toilet cleaner
el detergente para
el inodoro

to scrub	fregar, frotar
to sweep	barrer
to polish	dar brillo
to clean	limpiar
to wipe	pasar el trapo, limpiar
vacuum cleaner	el aspirador
to vacuum	pasar el aspirador
feather duster	el plumero

scrubbing brush
el cepillo

THE HOUSE – **LA CASA**

The workshop – El taller en casa

hand saw
el serrucho

scissors
las tijeras

screw
el tornillo

nut
la tuerca

open-end wrench
la llave inglesa

mallet
la maza de madera

wrench
las tenazas pico de loro

tape measure
la cinta métrica

nail
el clavo

hammer
el martillo

sandpaper
el papel de lija

level
el nivel de aire

pliers
los alicates

screwdriver
el destornillador

metal saw
la sierra (para metales)

carpet knife
el cúter

THE HOUSE – **LA CASA**

The workshop – El taller en casa

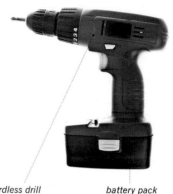

cordless drill
la taladradora
sin cable

battery pack
la batería

drill bit
la broca

electric drill
la taladradora

wood chisel	el escoplo
riveting pliers	la remachadora
wire cutter	el cortaalambres
blade	la hoja de sierra
to *screw*	atornillar
to *solder*	soldar
to *measure*	medir
to *sand*	lijar
to *saw*	serrar
to *cut*	cortar
to *drill*	taladrar
to *hammer*	clavar
to *file*	limar
to *chisel out*	trabajar con escoplo
to *rivet*	remachar
to *paint*	pintar
to *plane*	cepillar

glue gun
la pistola de encolar

jigsaw
el serrucho de punta

belt sander
la lijadora de banda

circular saw
la sierra circular

THE HOUSE – LA CASA

The workshop – El taller en casa

trash bag
la bolsa de basura

microfiber cloth
la bayeta de microfibra

caulking
el material de sellado

caulking gun
la pistola de calafateo

pocket knife
la navaja

toolbox
la caja de herramientas

workbench
el banco de carpintero

Allen key®
la llave Allen

broom
la escoba

safety goggles
las gafas protectoras

soldering iron
el soldador

solder
el estaño de soldar

plywood	la madera contrachapada
chipboard	el tablero de aglomerado
varnish	el barniz
metal	el metal
stainless steel	el acero inoxidable
plastic	el plástico
wire	el alambre
plank of wood	la tabla de madera

THE HOUSE – LA CASA
Decorating – Hacer reformas

acrylic paint
la pintura acrílica

trim brush
la brocha

paint tray
la bandeja

paint thinner
el diluyente

scraper
la espátula

paint roller
el rodillo (de pintor)

handyman
el trabajador

ladder
la escalera

overalls
el overol

paint can
la lata de pintura

to wallpaper
empapelar

roll of wallpaper
el rollo de papel pintado

pasting table
la mesa de pintor

paint
la pintura

masking tape
la cinta de enmascarar

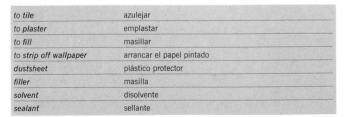

to tile	azulejar
to plaster	emplastar
to fill	masillar
to strip off wallpaper	arrancar el papel pintado
dustsheet	plástico protector
filler	masilla
solvent	disolvente
sealant	sellante

color chart
el muestrario de colores

THE HOUSE – LA CASA

Electricity and heating – Electricidad y calefacción

electricity meter
el contador de
electricidad

fuse
el fusible

radiator
el radiador

wood stove
la estufa de leña

plug
la clavija

socket
el enchufe

low-energy light bulb
la bombilla de bajo
consumo

light bulb
la bombilla

light bulb base
base de bombilla

filament
el filamento

extension cord
el (cord) alargador

switch
el interruptor

power strip
el enchufe múltiple

to *turn the heating on/off*	encender/apagar la calefacción
renewable energy	la energía renovable
power supply	la red eléctrica
current	la intensidad de la corriente
voltage	el voltaje
solar heating	la calefacción solar
central heating	la calefacción central
underfloor heating	la calefacción de suelo radiante
fuse box	la caja de fusibles
wiring	el cable
Watt	el vatio
volt	el voltio
ground	la toma de tierra

THE GARDEN –
EL JARDÍN

patio
la terraza

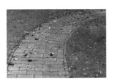

garden pond
el estanque

garden path
el camino

vegetable garden
el huerto

kitchen herbs
las hierbas culinarias

greenhouse
el invernadero

garden shed
la caseta

flowerbed
el arriate

garden bench
el banco

patio furniture
los muebles de jardín

garden wall
el muro

roof garden
el jardín de azotea

composter
el compostador

rock garden
el jardín de rocalla

fence
la valla

hedge
el seto

THE GARDEN – **EL JARDÍN**

Gardening tools – Herramientas de jardinería

pruning shears
las tijeras de podar

garden hose
la manguera

potted plant
la planta de maceta

hand rake
el rastrillo de mano

trowel
el trasplantador

lawn rake
la escoba de césped

spade
la pala

watering can
la regadera

gardening glove
el guante de jardinería

lawnmower
el cortacésped

edge trimmer
la desbrozadora

rake
el rastrillo

pitchfork
la horca

wheelbarrow
la carretilla

hedge clippers
las tijeras de podar

hoe
la azada

sprinkler
el rociador

THE GARDEN – **EL JARDÍN**

Garden work – Trabajos de jardinería

to lay turf
poner tepes de césped

to water the lawn
regar el césped

to rake the leaves
rastrillar las hojas

to plant
plantar

to trim
podar

to mow the lawn
cortar el césped

to weed
escardar

to dig
cavar

to prune
podar

to pick
recoger, recolectar

to sow
sembrar

to spray
fumigar

to fertilize	abonar
to harvest	cosechar
to cultivate	cultivar
to reproduce	reproducir
to water	regar
seedling	el brote
fertilizer	el abono
weedkiller	el herbicida

to pot (a plant)
plantar (en una maceta)

FOOD AND DRINK

COMER Y BEBER

ANIMAL PRODUCTS – **PRODUCTOS CÁRNICOS Y PESCADOS**

Meat – Carne

lamb
la carne de cordero

beef
la carne de res

steak
el bistec

pork
la carne de cerdo

fillet
el filete

veal
la carne de ternera

shank
la pata

chop
la chuleta

liver
el hígado

kidney
el riñón

rabbit
el conejo

ham
el jamón

ground meat
la carne picada

sausage
la salchicha

cold cuts
el embutido

salami
el salami

ANIMAL PRODUCTS – **PRODUCTOS CÁRNICOS Y PESCADOS**

Poultry – Aves

chicken
el pollo

thigh
el muslo

breast
la pechuga

wing
el ala

chicken drumstick
el muslo de pollo

duck
el pato

raw duck
el pato crudo

goose
el ganso

raw goose
el ganso crudo

quail
la codorniz

raw quail
la codorniz cruda

turkey
el pavo

turkey meat
la carne de pavo

organic product	el producto biológico
offal	la asadura
marinated	marinado (-a)
smoked	ahumado (-a)
cured	curado (-a)
to roast	asar
to braise	estofar
to grill	hacer a la parrilla

free-range
campero (-a)

ANIMAL PRODUCTS – PRODUCTOS CÁRNICOS Y PESCADOS

Fish – Pescado

trout
la trucha

carp
la carpa

pike perch
la lucioperca

monkfish
el rape

mackerel
la caballa

sole
el lenguado

sardine
la sardina

flounder
la solla

eel
la anguila

tuna
el atún

cod
el bacalao

sea bass
la lubina

salmon
el salmón

halibut
el fletán

caviar
las huevas de pescado

fish steak
el filete de pescado

ANIMAL PRODUCTS – **PRODUCTOS CÁRNICOS Y PESCADOS**

Seafood – Marisco

shrimp
el camarón

lobster
el bogavante

crab
el cangrejo

crayfish
el cangrejo de río

blue mussel
el mejillón

scallop
la venera

Venus clam
la almeja

cockle
el berberecho

oyster
la ostra

squid
la sepia

octopus
el pulpo

smoked fish
el pescado ahumado

fillet	el filete
smoked	ahumado (-a)
to fillet a fish	quitar las espinas
bone	la raspa
scale	la escama
to scale	escamar
frozen	congelado (-a)
fresh	fresco (-a)

canned fish
el pescado en lata

ANIMAL PRODUCTS – **PRODUCTOS CÁRNICOS Y PESCADOS**

Dairy products and eggs – Productos lácteos y huevos

cream
la nata

milk
la leche

cottage cheese
el queso cottage

goat cheese
el queso de cabra

farmer's cheese
el queso fresco

yogurt
el yogur

Brie
el (queso) brie

Gorgonzola
el (queso) gorgonzola

feta
el (queso) feta

chicken egg
el huevo de gallina

eggshell
la cáscara del huevo

egg white
la clara

egg yolk
la yema

quail egg
el huevo de codorniz

goose egg
el huevo de ganso

ANIMAL PRODUCTS – **PRODUCTOS CÁRNICOS Y PESCADOS**

Dairy products and eggs – Productos lácteos y huevos

egg carton
el cartón de huevos

butter
la mantequilla

Parmesan
el (queso) parmesano

Swiss cheese
el (queso) emmental

cheddar
el (queso) cheddar

raclette cheese
el (queso) raclette

Camembert
el (queso) camembert

Gouda
el (queso) gouda

mozzarella
la mozzarella

grated cheese
el queso rallado

buttermilk
el suero de mantequilla

cream cheese
el queso fresco

cow's milk	la leche de vaca
goat's milk	la leche de cabra
lactose-free milk	la leche sin lactosa
soy milk	la leche de soja
homogenized	homogeneizado (-a)
pasteurized	pasteurizado (-a)
low-fat	bajo (-a) en grasas
whole milk	la leche entera

condensed milk
la leche condensada

VEGETABLES –
VEGETALES

truffle
la trufa

button mushroom
el champiñón

porcini mushroom
la seta calabaza

chanterelle
el rebozuelo

asparagus
el espárrago

kohlrabi
el colinabo

rhubarb
el ruibarbo

Swiss chard
la acelga

fennel
el hinojo

celery
el apio

artichoke
la alcachofa

cress
el berro

watercress
el berro de agua

leaf	la hoja
stalk	el troncho
floret	el cogollo
heart	el corazón
tip	la punta
steamed vegetables	los vegetales al vapor
organic	orgánico
locally grown	de la región

VEGETABLES – VEGETALES
Root vegetables – Raíces y tubérculos

sweet potato
el boniato

carrot
la zanahoria

potato
la papa

shallot
el chalote

red onion
la cebolla morada

parsnip
la chirivía

garlic
el ajo

turnip
el nabo

onion
la cebolla

radish
el rábano (rojo)

scallion
la cebolleta

beet
la remolacha

clove of garlic	el diente de ajo
bulb of garlic	la cabeza de ajo
root	la raíz
bitter	amargo (-a)
raw	crudo (-a)
hot	picante
mealy	para puré
waxy	para ensaladilla

leek
el puerro

VEGETABLES – VEGETALES

Leafy vegetables – Verdura

broccoli
el brócoli

red cabbage
la col lombarda

savoy cabbage
la col de Milán

Brussels sprout
la col de Bruselas

cauliflower
la coliflor

white cabbage
la col (repollo)

lettuce
la lechuga (de cogollo)

iceberg lettuce
la lechuga iceberg

romaine lettuce
la lechuga (romana)

endive
la endivia

lamb's lettuce
las collejas

spinach
la espinaca

arugula
la rúcula

escarole
la escarola

VEGETABLES – VEGETALES

Fruit vegetables – Hortalizas de frutos

sweet pepper
el pimiento

zucchini
el calabacín

eggplant
la berenjena

tomato
el tomate

cherry tomato
el tomate cherry

olive
la aceituna

okra
el quingombó

chili
la guindilla

avocado
el aguacate

cucumber
el pepino

pumpkin
la calabaza

butternut squash
la calabaza moscada

to *peel*	pelar
to *cut*	cortar
raw	crudo (-a)
boiled	cocido (-a)
cooked	cocido (-a)
purée	el puré
mashed	triturado (-a)
to *fry*	asar

corn on the cob
la mazorca de maíz

VEGETABLES – **VEGETALES**

Legumes – Legumbres

green lentil
la lenteja (verde)

fava bean
la haba

black bean
el frijól negro

pea
la arveja

chickpea
el garbanzo

red lentil
la lenteja roja

green bean
la habichuela

snow pea
el guisante capuchino

kidney bean
el frijól rojo

lima bean
la haba

brown lentil
la lenteja pardina

pod	la vaina
kernel	la pepita
seed	la semilla
bean sprouts	los brotes de soja
soy bean	la soja
mung bean	el frijol mungo
black-eyed pea	el frijol de careta

FRUIT – **FRUTA**

Berries and stone fruits – Bayas y drupas

strawberry
la fresa

blackberry
la (zarza)mora

raspberry
la frambuesa

blueberry
el arándano

redcurrants
las grosellas rojas

blackcurrants
las grosellas negras

grape
la uva

gooseberry
la grosella espinosa

cranberry
el arándano agrio

cherry
la cereza

elderberry
el saúco

peach
el melocotón

nectarine
la nectarina

plum
la ciruela

apricot
el albaricoque

apple
la manzana

pear
la pera

quince
el membrillo

FRUIT – **FRUTA**

Exotic fruit – Frutas exóticas

fig
el higo

pepino
el pepino

physalis
el alquequenje

lychee
el lichi

star fruit
la carambola

pineapple guava
la guayaba de Brasil

papaya
la papaya

cherimoya
la chirimoya

passion fruit
la granadilla

mangosteen
el mangostán

pomegranate
la granada

horned melon
el kiwano

rambutan
el rambután

dragon fruit
la pitahaya

pineapple
la piña

guava
la guayaba

banana
el plátano

kiwi
el kiwi

mango
el mango

coconut
el coco

FRUIT – **FRUTA**

Citrus fruit and melons – Cítricos y melones

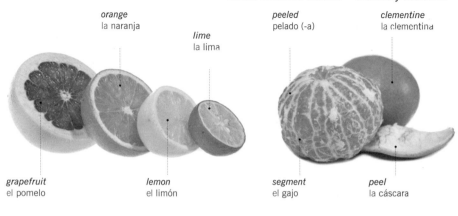

orange
la naranja

lime
la lima

peeled
pelado (-a)

clementine
la clementina

grapefruit
el pomelo

lemon
el limón

segment
el gajo

peel
la cáscara

canteloupe
el melón cantalupo

honeydew melon
el melón (de miel)

watermelon
la sandía

blood orange
la naranja sanguina

seedless	sin pepitas
juicy	jugoso (-a)
crunchy	crujiente
core	el corazón
sour	ácido (-a)
ripe	maduro (-a)
fresh	fresco (-a)
rotten	podrido (-a)

kumquat
el kumquat

FRUIT – FRUTA

Nuts and dried fruit – Nueces y frutos secos

cashew nut
el anacardo

almond
la almendra

chestnut
la castaña

walnut
la nuez

hazelnut
la avellana

peanut
el cacahuete

pecan nut
la pacana

macadamia nut
la nuez de macadamia

pine nut
el piñón

raisin
la (uva) pasa

sultana
la (uva) pasa sultana

prune
la ciruela pasa

date
el dátil

Brazil nut	la nuez de Brasil
pistachio	el pistacho
roasted	tostado (-a)
salted	salado (-a)
nuts and raisins	frutos secos y pasas
nutcracker	el cascanueces
nutshell	la cáscara
to crack a nut	cascar una nuez

HERBS AND SPICES – **HIERBAS Y ESPECIAS**

Herbs – Hierbas

lavender la lavanda	*tarragon* el estragón	*oregano* el orégano	*lovage* el apio del monte

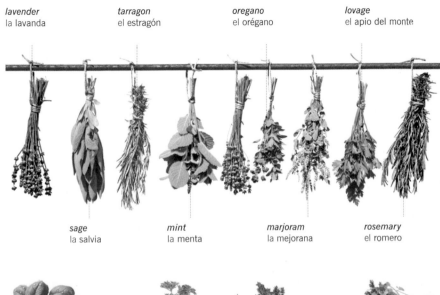

sage la salvia	*mint* la menta	*marjoram* la mejorana	*rosemary* el romero

basil
la albahaca

parsley
el perejil

thyme
el tomillo

coriander
el cilantro

chives
el cebollino

fennel
el hinojo

dill
el eneldo

lemon balm
la melisa

HERBS AND SPICES – HIERBAS Y ESPECIAS

Spices – Especias

star anise
el anís estrellado

bay leaf
la hoja de laurel

coriander
el cilantro

cinnamon bark
la canela en rama

turmeric
la cúrcuma

curry powder
el curry en polvo

paprika
el pimentón

pepper
la pimienta

nutmeg
la nuez moscada

cardamom
el cardamomo

cloves
los clavos

ginger
el jengibre

crushed chillies
el chile machacado

chili
la guindilla

fennel
el hinojo

garam masala
el garam masala

HERBS AND SPICES – **HIERBAS Y ESPECIAS**

Seasoning and sauces – Condimentos y salsas

pepper
la pimienta

salt
la sal

vinegar
el vinagre

olive oil
el aceite de oliva

pepper mill
el molinillo de pimienta

salsa
la salsa

ketchup
el kétchup

mustard
la mostaza

mayonnaise
la (salsa) mayonesa

crushed	machacado (-a)
ground	molido (-a)
grated	rallado (-a)
salt shaker	el salero
salad dressing	el aliño (para la ensalada)
to season	condimentar; sazonar
to dress a salad	aliñar
to marinate	marinar

soy sauce
la (salsa de) soja

GRAINS AND FLOUR –
CEREALES Y HARINA

spelt
la escanda

pumpkin seeds
las pipas de calabaza

sunflower seeds
las pipas de girasol

quinoa
la quinua

wild rice
el arroz silvestre

oats
la avena

barley
la cebada

brown rice
el arroz integral

corn
el maíz

millet
el mijo

wheat
el trigo

couscous
el cuscús

buckwheat
el trigo sarraceno

basmati rice
el arroz basmati

bulgur
el bulgur

rice
el arroz

GRAINS AND FLOUR – CEREALES Y HARINA

penne
los macarrones

spaghetti
los espaguetis

tagliatelle
la harina integral

ravioli
los raviolis

fusilli
los fusilli

rigatoni
los rigatoni

tortellini
los tortelini

wheat flour
la harina de trigo

cornflour
la harina de maíz

yeast
la levadura

dough
la masa

baking powder	la levadura química
gluten-free flour	la harina sin gluten
rye flour	la harina de centeno
whole wheat flour	la harina integral
to sift	cribar
to knead	amasar
to stir	mezclar
to bake	hornear

rice noodles
los fideos de arroz

GRAINS AND FLOUR – CEREALES Y HARINA

Bread – Pan

pretzel
el pretzel

croissant
el cruasán

baguette
la barra de pan

pumpernickel bread
el pan negro

white bread
el pan blanco

whole wheat bread
el pan integral

multigrain bread
el pan multigrano

rye bread
el pan integral

flatbread
el pan árabe

tortilla
la tortilla (mexicana)

toast
el pan de molde

sourdough bread
el pan de levadura
natural

roll
el panecillo

bagel
el baguel

filled roll
el bocadillo

crispbread
el pan sueco

GRAINS AND FLOUR – **CEREALES Y HARINA**

Spreads – Para untar el pan

jar
el tarro

honey
la miel

honeydew honey
la miel silvestre

clear honey
la miel líquida

lemon curd
la crema de limón

jam
la mermelada

preserves
la confitura

maple syrup
el sirope de arce

peanut butter
la mantequilla de
cacahuete

chocolate spread
la crema de cacao

margarine
la margarina

loaf
la hogaza

slice
la rebanada

breadcrumbs
el pan rallado

sandwich
el sándwich

GRAINS AND FLOUR – CEREALES Y HARINA

Cakes and pastries – Tortas, pasteles, y pastas

cheesecake
la torta de queso

chocolate cake
el pastel de chocolate

muffin
el muffin

macaroon
el macaroon

gingerbread
el pan de jengibre

lady finger
el bizcocho

doughnut
el donut

Bundt cake
el bizcocho de Saboya

fruit pie
la tartaleta de fruta

Black Forest cake
el pastel de la
Selva Negra

plum tart
la tarta de ciruelas

Linzer tart
la tarta de Linzer

jam tart
la tartita de mermelada

icing	la cobertura de azúcar
marzipan	el mazapán
birthday cake	el torta de cumpleaños
birthday candle	la vela de cumpleaños
cake decoration	la decoración de la torta
pastry	las pastas
éclair	el palo de crema
meringue	el merengue

GRAINS AND FLOUR – **CEREALES Y HARINA**

Desserts – Dulces

apple strudel
el strudel de manzana

tiramisu
el tiramisú

ice cream
el helado ·······················

scoop of ice cream
la bola de helado ·······················

cone
el barquillo ·······················

pancakes
los panqueques

crêpe
el crep

sundae
la copa de helado

flan
el flan

mousse
el/la mousse

whipped cream
la nata (montada)

crème brûlée
la crema catalana

panna cotta
la panna cotta

gelatin
la gelatina

fruit salad
la ensalada de frutas

DRINKS – BEBIDAS

Soft drinks – Refrescos

water
el agua

tonic water
la tónica

orange juice
el jugo de naranja

tomato juice
el jugo de tomate

non-alcoholic beer
la cerveza sin alcohol

carrot juice
el jugo de zanahoria

cola
la cola

lemonade
el refresco de limón

iced coffee
el café helado

iced chocolate
el chocolate helado

iced tea
el té helado

apple juice
el jugo de manzana

milkshake
el batido (de leche)

juice extractor	el exprimidor
freshly squeezed grapefruit juice	el jugo de pomelo recién exprimido
bottled water	el agua mineral
tap water	el agua del grifo
sparkling water	el agua mineral con gas
mineral water	el agua mineral
sparkling cider	la sidra espumosa
blackcurrant juice	el jugo de grosella

DRINKS – **BEBIDAS**

Hot drinks – Bebidas calientes

espresso
el café solo

coffee beans
los granos de café

Amaretto
el amaretto

coffee to go
el café para llevar

lid
la tapa

cup
el vaso de café

milk froth
la espuma de leche

tea bag
la bolsita de té

tea leaves
las hojas de té

teapot
la tetera

black tea
el té

latte
el café latte

coffee
el café

cappuccino
el capuchino

coffee with milk
el café con leche

mint tea
el té a la menta

chamomile tea
la (infusión de)
manzanilla

herbal tea
la infusión de hierbas

mulled wine
el vino caliente
con especias

DRINKS – **BEBIDAS**

Alcoholic drinks – Bebidas alcohólicas

on the rocks
con hielo

cocktail
el cóctel

whiskey
el whisky

gin and tonic
el gin-tonic

rum
el ron

sangria
la sangría

beer
la cerveza

lager
la cerveza pilsener

dark beer
la cerveza negra

vodka
el/la vodka

rosé wine
el vino rosado

white wine
el vino blanco

red wine
el vino tinto

sparkling wine
el cava

tequila
el tequila

brandy	el brandy
schnapps	el aguardiente
sherry	el jerez
liqueur	el licor
cider	la sidra
spritzer	el vino con agua mineral con gas
wheat beer	la cerveza de trigo
champagne	el champán

COOKING – COCINAR

Food preparation – Preparación

to peel
pelar

to chop
cortar

to whisk
batir

to grate
rallar

to crush
machacar

to glaze
glasear

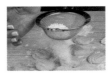

to sift
cribar

to mash
machacar

to tenderize
ablandar

to roll
extender

to add salt
salar

to cut out
cortar con una forma

to roast	tostar
to boil	hervir
to simmer	cocer a fuego lento
to grill	asar a la parrilla
to sauté	sofreír
to fry	asar
to deep fry	freír
to poach	pochar

to sprinkle
espolvorear

MEALS AND DISHES – COMIDAS Y PLATOS

Breakfast – El desayuno

bread
el pan

orange juice
el jugo de naranja

roll
el panecillo

milk
la leche

cheese
el queso

jam
la mermelada

cappuccino
el capuchino

boiled egg
el huevo pasado
por agua

muesli
el muesli

melon
el melón

ham
el jamón

butter
la mantequilla

cereal
los cereales

croissant
el bollo de media luna

cornflakes
los copos de maíz

fruit yogurt
el yogur de fruta

fresh fruit
la fruta fresca

cereal bar
la barra de cereal

wheatgerm
el germen de trigo

MEALS AND DISHES – **COMIDAS Y PLATOS**

Breakfast – El desayuno

toast
la tostada

grilled tomato
los tomates asados

baked beans
los frijoles cocidos

hash brown
las tortitas de patata
rallada

black pudding
la morcilla

bacon
el beicon

mushrooms
las setas

sausage
la salchicha

fried egg
el huevo frito

scrambled eggs
los huevos revueltos

omelette
la tortilla de huevo

French toast
la torrija de leche

waffle
el gofre

pancake
el panqueque

oatmeal
los copos de avena

smoothie
el batido de fruta

hot chocolate
el chocolate caliente

MEALS AND DISHES – COMIDAS Y PLATOS

Snacks and sweets – Los refrigerios y dulces

chips
las papas fritas

pretzels
la rosquilla salada

popcorn
las palomitas

hard candy
el caramelo

gummy bears
los ositos de gominola

licorice
el regaliz

chewing gum
el chicle

lollipop
la piruleta

white chocolate
el chocolate blanco

chocolate bar
la chocolatina

dark chocolate
el chocolate amargo
extrafino

milk chocolate
el chocolate con leche

popsicle
la paleta

frozen yogurt
el yogur helado

cookie
la galleta

chocolate
el bombón

MEALS AND DISHES – **COMIDAS Y PLATOS**

Fast food – La comida rápida

slice of pizza
el trozo de pizza

pizza
la pizza

burger
la hamburguesa

fries
las papas fritas

tortilla chips
los chips de tortilla

taco
el taco

stir-fry noodles
los tallarines fritos

sushi
el sushi

hot dog
el perrito caliente

gyro
el kebab

wrap
el wrap

fish and chips
el pescado frito con
papas fritas

I would like to order takeout, please.	Me gustaría encargar algo para llevar.
An order of fries with ketchup and mayonnaise, please.	Una de papas fritas con kétchup y mayonesa.
small / medium / large	pequeño/mediano/grande
sweet	dulce
savory	salado (-a)
delivery service	el servicio a domicilio
to order	encargar
to deliver	entregar

nuggets
el nugget

MEALS AND DISHES – COMIDAS Y PLATOS

Main dishes – Comida principal

soup
la sopa

croquette
la croqueta

steak
el bistec

side salad
la ensalada de guarnición

potato wedges
las papas a cuartos

lasagne
la lasaña

spaghetti bolognese
los espaguetis con salsa boloñesa

roast chicken
el pollo asado

breaded cutlet
el escalope

fried potatoes
las papas salteadas

stew
el guiso

casserole
el gratinado

pie
el pastel—(salado)
de hojaldre

quiche
el/la quiche

curry
el curry

MEALS AND DISHES – COMIDAS Y PLATOS

In a restaurant – En el restaurante

① *diner*
el/la cliente

② *waiter*
el mesero

③ *table for two*
la mesa para dos personas

appetizer
el entrante

dessert
el postre

④ *red wine glass*
la copa de vino tinto

⑤ *menu*
la carta

⑥ *order*
la comanda

side dish
la guarnición

main course
el plato principal

soup
la sopa

aperitif
el aperitivo

sorbet
el sorbete

salad
la ensalada

cheese platter
la tabla de quesos

coffee
el café

liqueur
el licor

cheese knife
el cuchillo de queso

chopsticks
los palillos

MEALS AND DISHES – COMIDAS Y PLATOS

Dishes and flatware – Vajilla y cubiertos

napkin
la servilleta

bread plate
el plato para pan

dinner fork
el tenedor (de mesa)

tablecloth
el mantel

dinner plate
el plato llano

water glass
la copa de agua

wine glass
la copa de vino

dessert spoon
la cucharilla de postre

soup spoon
la cuchara de sopa

dinner knife
el cuchillo (de mesa)

bowl
la fuente

carafe
la jarra

steak knife
el cuchillo de carne

toothpick
el palillo

Could we have the wine list, please?	¿Nos podría traer la carta de vinos?
Enjoy your meal!	¡Buen provecho!
Cheers!	¡Salud!
I'll have ... as an appetizer / for the main course / for dessert	De entrante/plato principal/postre tomaré...
special	la especialidad
The bill, please.	Tráiganos la cuenta.
payment	el pago
tip	la propina

FOOD AND DIET – LA ALIMENTACIÓN

oil
el aceite

sugar
el/la azúcar

carbohydrates
el hidrato de carbono

protein
la proteína

egg-free
sin huevos

sugar-free
sin azúcar

gluten-free
sin gluten

lactose-free
sin lactosa

dietary fiber
las fibras vegetales

cholesterol
el colesterol

vegetarian
vegetariano (-a)

vegan
vegano (-a)

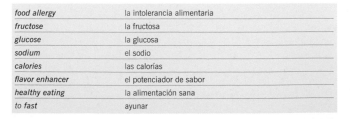

food allergy	la intolerancia alimentaria
fructose	la fructosa
glucose	la glucosa
sodium	el sodio
calories	las calorías
flavor enhancer	el potenciador de sabor
healthy eating	la alimentación sana
to fast	ayunar

scale
la balanza

ON THE GO
DE CAMINO

ROADS AND TRAFFIC –
TRÁFICO Y CARRETERAS

① *street light*
la farola

② *one-way street*
la calle de dirección
única

③ *crosswalk warning light*
el semáforo para
peatones

④ *sidewalk*
la acera

⑤ *curb*
el bordillo

⑥ *traffic lights*
el semáforo

⑦ *parked car*
el automóvil aparcado

⑧ *traffic lane*
el carril

⑨ *road marking*
la señalización (de la
carretera)

⑩ *gutter*
el arroyo (de la acera)

tunnel
el túnel

ticket machine
el parquímetro

bicycle path
el carril bici

*handicapped parking
space*
el aparcamiento
para personas con
discapacidad

bridge
el puente

traffic circle
la rotonda

crosswalk
el paso de cebra

emergency telephone
el teléfono de
emergencia

ROADS AND TRAFFIC –
TRÁFICO Y CARRETERAS

highway interchange
el cruce de autopistas

highway
la autopista

rush-hour traffic
el tráfico en hora punta

① *median strip*
la mediana

② *passing lane*
el carril de
adelantamiento

overpass
el paso elevado

④ *curve*
la curva

⑤ *underpass*
el paso subterráneo

⑥ *on-ramp*
la entrada

⑦ *exit*
la salida

traffic police officer
el (agente de) policía de
tráfico

traffic ticket
la multa

tollbooth
el (control de) peaje

to tow away
remolcar

intersection	el intersección
right of way	la preferencia
speeding	el exceso de velocidad
to stop	parar
hard shoulder	el arcén
service area	el área de servicio
mile marker	el marcador de la milla
to reverse	ir marcha atrás

traffic jam
el atasco

ROADS AND TRAFFIC – **TRÁFICO Y CARRETERAS**

Road signs – Señales de tráfico

no entry
prohibido el paso

no stopping
prohibido parar

road construction
la obra

tunnel
el túnel

no parking
prohibido aparcar

traffic jam
el atasco

steep gradient
el desnivel

traffic circle
la rotonda

speed limit
el límite de velocidad

yield
¡ceda el paso!

one-way street
la calle de sentido
obligatorio

oncoming traffic
el tráfico en sentido
opuesto

no right turn
prohibido girar a la
derecha

no left turn
prohibido girar a la
izquierda

no U turn
prohibido cambiar de
sentido

black ice
el pavimento deslizante
por nievo o hielo

THE CAR – EL AUTOMÓVIL
Types of car – Tipos de automóviles

stretch limo
la limusina

convertible
el descapotable

hatchback
el berlina de dos
volumenes

sports car
el automóvil deportivo

microcar
el microcoche

small car
el automóvil urbano

vintage car
el automóvil antiguo

sedan
la berlina

station wagon
el automóvil familiar

pickup truck
la camioneta

minivan
la furgoneta

air conditioning	el aire acondicionado
heated seats	la calefacción del asiento
automatic transmission	el cambio de marchas automático
manual transmission	el cambio de marchas manual
ignition	el contacto
two-door	de dos puertas
three-door	de tres puertas
four-door	de cuatro puertas

sport utility vehicle
el todoterreno

THE CAR – **EL AUTOMÓVIL**

The car exterior – El automóvil por fuera

passenger side
la parte del copiloto

roof
el techo

windshield
el parabrisas

driver's side
la parte del conductor

side light
la luz de posición (lateral)

rear-view mirror
el (espejo) retrovisor

indicator
el intermitente

wheel
la rueda

windshield wiper
el limpiaparabrisas

grill
la calandra

bumper
el parachoques

license plate
la (placa de) matrícula

emblem
el emblema

fog light
la luz antiniebla
delantera

tread
el perfil del neumático

dipstick	la varilla del aceite
air filter	el filtro del aire
brake fluid reservoir	el depósito del líquido de frenos
antenna	la antena
wheel suspension	la suspensión
low beam	la luz corta
high beam	la luz larga

THE CAR – EL AUTOMÓVIL

The car exterior – El automóvil por fuera

① *side mirror*
el (espejo) retrovisor lateral

② *B-pillar*
el Pilar B

③ *trunk*
el maletero

④ *rear window*
la luneta trasera

⑤ *hood*
el capó

⑥ *side window*
la ventanilla lateral

⑦ *car door*
la puerta

⑧ *hub cap*
el tapacubos

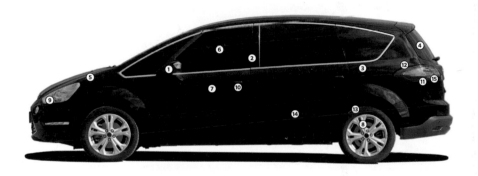

⑨ *headlight*
el faro

⑩ *door handle*
la manilla (de la puerta)

⑪ *brake light*
la luz de freno

⑫ *tail light*
la luz trasera

⑬ *tire*
el neumático

⑭ *door molding*
la moldura (lateral)

⑮ *reverse light*
la luz de marcha atrás

engine	el motor
gas tank	el depósito de la gasolina
transmission	la caja (de cambios)
radiator	el radiador
fan	el ventilador
battery	la batería
muffler	el silenciador
exhaust pipe	el tubo de escape

wheel rim
la llanta

THE CAR – **EL AUTOMÓVIL**

The car interior – El automóvil por dentro

① *side mirror*
el (espejo) retrovisor
lateral

② *steering wheel*
el volante

③ *dashboard*
el salpicadero

④ *door opener*
el tirador

⑤ *driver's seat*
el asiento del conductor

⑥ *center console*
la consola central

⑦ *emergency brake*
el freno de mano

⑧ *temperature controls*
el mando de la
calefacción

⑨ *glove compartment*
la guantera

⑩ *gear shift*
la palanca de cambio

⑪ *passenger seat*
el asiento del copiloto

*hazard warning
light switch*
el botón para los
intermitentes de
emergencia

stereo
el equipo estéreo

directional
la palanca del
intermitente

cigarette lighter
el encendedor

navigation system
el sistema de navegación

foot rest	el reposapiés
clutch pedal	el (pedal del) embrague
brake pedal	el (pedal del) freno
accelerator pedal	el (pedal del) acelerador
seat belt	el cinturón de seguridad
headrest	el reposacabezas
airbag	el airbag
horn	el vocina

THE CAR – EL AUTOMÓVIL

At the gas station – La gasolinera

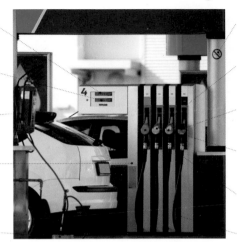

price display
el indicador del precio

gallon display
el indicador de los litros

fire extinguisher
el extintor

gas pump
el surtidor (de gasolina)

tire pressure gauge
el inflador de
neumáticos

no smoking
la prohibición de fumar

gasoline
la gasolina

diesel
el diésel/gasóleo

unleaded
sin plomo

leaded
con plomo

gas pump hose
la manguera

pump nozzle
la pistola del surtidor

gas cap
la tapa del depósito

jack
el gato

to change the oil	cambiar el aceite
tire pressure	la presión de los neumáticos
fan belt	la correa del ventilador
alternator	el alternador
summer tire	el neumático de verano
winter tire	el neumático de invierno
all-season tire	el neumático para todas las estaciones
snow chains	la cadena para la nieve

to refuel
poner gasolina

THE CAR – EL AUTOMÓVIL

At the gas station – La gasolinera

① *gas gauge*
el indicador (del nivel) de la gasolina

② *low fuel warning light*
la luz de reserva

③ *speedometer*
el velocímetro

④ *speed*
la velocidad

⑤ *odometer*
el kilometraje

⑥ *tachometer*
el cuentarrevoluciones

⑦ *temperature gauge*
el indicador de la temperatura

to change a tire
cambiar la rueda

tire iron
la llave de tuerca de rueda

spare tire
la rueda de recambio

flat tire
el pinchazo

car accident	el accidente de automóvil
I've broken down.	Mi automóvil tiene una avería.
Could you call the towing service, please?	¿Podría llamar al servicio de asistencia en carretera?
The car won't start.	El motor no arranca.
jumper cables	el cable de arranque
Could you help me jump-start the car, please?	¿Podría ayudarme a arrancar el coche?
spare tire	la rueda de recambio
Could you help me change the tire, please?	¿Podría ayudarme a cambiar la rueda?

THE BUS –
EL AUTOBÚS

double decker
el autocar de dos pisos

bus
el autocar

route number
el número de línea

destination
el destino

bus stop
la parada de autobús

automatic door
la puerta automática

luggage hold
el maletero

schedule
el horario

bus stop shelter
la parada con garita

school bus
el autocar escolar

stop button
el botón de parada

low-floor bus	el autobús de piso bajo
bus station	la estación de autobuses
regular bus service	el autobús de línea
minibus	el microbús
monthly ticket	el abono mensual
fare	el precio del billete (sencillo)
ticket	el billete
ticket machine	la máquina expendedora

support handle
el asidero

THE MOTORCYCLE –
LA MOTOCICLETA

racing bike
la moto de carreras

dashboard
el salpicadero

clutch lever
la palanca del embrague

handgrip
el manillar

driver's seat
el asiento delantero

mirror
el (espejo) retrovisor

passenger seat
el asiento trasero

mud guard
el guardabarros

kickstand
el caballete lateral

footrest
el estribo

tail light
la luz trasera

transmission
la caja de cambios

pedal
el pedal de cambio

suspension
la suspensión (de la rueda)

scooter
la vespa

all-terrain vehicle
el cuatrimoto

dirt bike
la moto de motocrós

chopper
la (moto) chopper

THE MOTORCYCLE – LA MOTOCICLETA

motorcycle helmet
el casco
de motorista

leather jacket
la chaqueta de
cuero

leathers
el traje de
motorista

leather glove
el guante de piel

visor
la visera

air duct
el respiradero

reflector strip
la tira reflectante

speedometer
el velocímetro

handgrip
el manillar

tank cap
el tapón del depósito

gas tank
el depósito de
la gasolina

indicator
el intermitente

front brake lever
la palanca del freno
delantero

twist-grip throttle
el puño acelerador

motorcycle combination
la moto con sidecar

touring motorcycle
la moto de carretera

sidecar
el sidecar

THE BICYCLE –
LA BICICLETA

brake
el freno de llanta

seat
el sillín

seat post
el poste del sillín

handlebars
el manillar

bike basket
la cesta

carrier
el portaequipajes

fork
la horquilla

back wheel
la rueda trasera

tire
la cubierta

rim
la llanta

front wheel
la rueda delantera

spoke
el radio

reflector
el reflector

chain guard
el cubrecadenas

chain
la cadena

pedal
el pedal

gear
el plato

mud guard
el guardabarros

gear lever	la palanca de cambio
brake lever	la palanca de freno
pump	la bomba
bike helmet	el casco
generator	la dinamo
to pedal	pedalear
to brake	frenar
to change to a higher/lower gear	cambiar a una marcha más larga/corta
to learn to ride a bike	aprender a montar en bicicleta
to patch an inner tube	reparar una cámara de la bicicleta

THE BICYCLE – LA BICICLETA

child seat
la silla para niños

unicycle
el/la monorrueda

tandem bike
el tándem

BMX bike
la bicicleta de RMX

racing bike
la bicicleta de carreras

touring bike
la bicicleta de carretera

mountain bike
la bicicleta de montaña

electric bike
la bicicleta eléctrica

recumbent bicycle
la bicicleta reclinada

tricycle
el triciclo

bike lock
el candado

repair kit
el kit para pinchazos

rental bicycle
la bicicleta de alquiler

child bike trailer
el remolque para niños

saddle bag
las alforjas

bicycle stand
el aparcabicis

THE TRUCK –
VEHÍCULOS DE CARGA

tractor trailer
el (camión con) tráiler

hood
el capó

grill
la calandra

headlight
el faro delantero

bumper
el parachoques

windshield
el parabrisas

exhaust stack
el tubo de escape

sleeper berth
la cabina para dormir

air horn
la bocina

storage compartment
el compartimento para almacén

step
el escalón

gas tank
el depósito de combustible

car carrier
el tráiler para coches

snowplow
el quitanieves

street sweeper
la barredora

garbage truck
el camión de la basura

tanker
el camión cisterna

tractor trailer
el tráiler con remolque

trailer
el semirremolque

flatbed trailer
el semirremolque bajo

MORE VEHICLES – MÁS VEHÍCULOS

excavator
la excavadora

bulldozer
el bulldozer/buldócer

cement truck
la hormigonera

dump truck
el volquete

camper
la caravana

recreational vehicle
la autocaravana

fork-lift
la carretilla elevadora
(de horquilla)

fire engine
el camión de bomberos

trailer
el remolque

tractor
el tractor

police car
el automóvil de policía

taxi
el taxi

tow truck
la grúa-remolque

crane
la grúa móvil

taxi stand
la parada de taxis

to hail a taxi
parar un taxi

THE TRAIN –
EL TREN

train
el tren

driver's cab
la cabina del maquinista

compartment
el compartimento

overhead rack
el portaequipajes

rail
la vía

car
el vagón

armrest
el reposabrazos

seat
el asiento

headrest
el reposacabezas

freight train
el tren de mercancías

trolley
el tranvía

subway
el metro

monorail
el monorraíl

steam engine
la locomotora a vapor

high-speed train	el tren de alta velocidad
open car	el vagón con asientos
overhead wires	la catenaria
first class	la primera clase
second class	la segunda clase
folding table	la mesita plegable
railcar	la unidad múltiple
seat reservation	la reserva de asiento

THE TRAIN – **EL** TREN

At the train station – En la estación de tren

platform
el andén

platform number
el número de vía

to get on
subir

sign
la indicación

to get off
bajar

passenger
el viajero

railing
la barandilla

escalator
la escalera mecánica

station concourse
el vestíbulo de la estación

ticket counter
la ventanilla de venta
de billetes

ticket machine
la máquina expendedora
de billetes

conductor
la revisora

delay	el retraso
on time	puntual
to change	hacer trasbordo
to dodge the fare	viajar sin boleto
rail network	la red ferroviaria
A one-way ticket to ..., please.	Por favor, un boleto solo de ida a...
Two round trips to ..., please.	Por favor, dos boletos... de ida y vuelta.
Is this seat taken?	¿Está libre este asiento?

luggage cart
el carrito portaequipajes

THE AIRPLANE –
EL AVIÓN

commercial aircraft
el avión de línea

window
la ventanilla

fuselage
el fuselaje

nose
el morro

tail
la cola

wing
el ala

door
la puerta del avión

vertical stabilizer
el estabilizador vertical

cargo hold
la bodega de
equipaje

landing gear
el tren de aterrizaje
(principal)

flight deck
la cabina

tailplane
el estabilizador horizontal

aileron
el alerón

engine
el turborreactor

nose gear
el tren de aterrizaje
delantero

windsock
la manga de aire

Your flight is ready for boarding.	El avión está preparado para el embarque.
airline	la compañía aérea
air traffic control	el servicio de control aéreo
pilot	el piloto
copilot	el copiloto
first class	la primera clase
business class	la clase business
economy class	la clase turista con restricciones

THE AIRPLANE – EL AVIÓN

Inside the plane – En el avión

safety instructions
las indicaciones de
seguridad

air vent
la salida del aire
acondicionado

flight attendant
la azafata

seat
el asiento

overhead compartment
el compartimento
portaequipajes

seat number
el número del asiento

non-smoking flight
el vuelo en el que está
prohibido fumar

reading light
la luz de lectura

carry-on luggage
el equipaje de mano

aisle
el pasillo

emergency exit
la salida de emergencia

seat spacing
el espacio entre asientos

row	la fila
seat belt	el cinturón de seguridad
to fasten one's seat belt	abrocharse el cinturón
runway	la pista de despegue y aterrizaje
to fly	volar
to take off	despegar
to land	aterrizar
turbulence	las turbulencias
emergency landing	el aterrizaje forzoso
oxygen mask	la máscara de oxígeno

*in-flight entertainment
system*
el monitor para el
programa de a bordo

THE AIRPLANE – **EL AVIÓN**

At the airport – En el aeropuerto

self-service check-in
la terminal de
autoembarque

check-in counter
el mostrador de
embarque

boarding pass
la tarjeta de embarque

passport
el pasaporte

arrival
la llegada

departure
la salida

terminal
la terminal

customs
la aduana

security check
el control de seguridad

ticket check
el control de boletos

duty-free shop
la tienda libre de
impuestos

airstairs
la escalerilla para
pasajeros

gate
la puerta (de embarque)

air bridge
la pasarela de acceso

control tower
la torre de control

air traffic controller
el controlador aéreo

THE AIRPLANE – EL AVIÓN

At the airport – En el aeropuerto

① *information screen*
el panel de información

② *destination*
el destino

long-distance flight
el vuelo de larga
distancia

international flight
el vuelo internacional

domestic flight
el vuelo nacional

✈ **❶ DEPARTURES**

Time	Destination ❷	Flight
19:30	BEIJING	R4 4509
19:30	ATLANTA	EB 7134
19:45	LONDON	DN 0045
19:40	NEW YORK	OD 7158
19:50	FRANKFURT	NP 6890
20:05	DUBAI	UC 1207
20:10	CHICAGO	EB 3436
20:20	TOKYO	R4 4581
20:45	PARIS	NP 1976

rolling suitcase
la maleta con ruedas

excess luggage
el exceso de equipaje

baggage carousel
la cinta para equipajes

moving walkway
el pasillo rodante

layover	la escala
to **book a flight**	reservar un boleto de avión
online check-in	la facturación en línea
reservation	la reserva
visa	el visado
luggage check	el control de equipajes
luggage tag	la etiqueta del equipaje
currency exchange	el cambio de divisas

backpack
la mochila

THE SHIP –
EL BARCO

cruise ship
el crucero

radar antenna
la antena del radar

deck
la cubierta

cabin
el camarote

funnel
la chimenea

radio antenna
la antena de la radio

port side
el babor

hull
el casco

porthole
el ojo de buey

starboard side
el estribor

bow
la proa

lifeboat
el bote salvavidas

bulbous bow
el bulbo

sailboat
el velero

motor yacht
el yate a motor

motor boat
la lancha motora

catamaran
el catamarán

THE SHIP – **EL BARCO**

At the port – El puerto

maritime container terminal
la terminal de contenedores

container depot el almacén de contenedores	*cargo* el flete	*dock* el muelle	*crane* la grúa	*container ship* el buque portacontenedores

lighthouse
el faro

mooring
el amarre

bitt
la bita

buoy
la boya

*to **drop/weigh anchor***	echar/levar el ancla
Coast Guard	la guardia costera
*to **land***	atracar
*to **sail***	zarpar
*to **embark***	embarcar
*to **disembark***	desembarcar
pier	el embarcadero
submarine	el submarino

ferry
el ferri

IN THE CITY

EN LA CIUDAD

THE CITY CENTER –
LA CIUDAD

| *suburb* la periferia | *bridge* el puente | *river* el río | *street* la calle | *business district* la zona comercial | *television tower* la torre de televisión |

| *apartment buildings* el edificio de apartamento | *cathedral* la catedral | *sidewalk* la acera | *old town* el casco antiguo | *tower* la torre | *street light* el alumbrado público |

side street
la bocacalle

boulevard
la avenida

steps
la escalera

alley
la callejuela

THE CITY CENTER –
LA CIUDAD

park
el parque

canal
el canal

entertainment district
la zona (para salir)
de copas

square
la plaza

shopping district
la zona comercial

industrial area
la zona industrial

residential area
la zona residencial

town hall
el ayuntamiento

university
la universidad

school
la escuela

post office
(los) correos

fire station
el parque de bomberos

police station
la comisaría de policía

hospital
el hospital

library
la biblioteca

court house
los tribunales

THE CITY CENTER – LA CIUDAD

Buildings in the center of the city – Edificios en el centro de la ciudad

skyscraper
el rascacielos

castle
el castillo

palace
el palacio

church
la iglesia

mosque
la mezquita

synagogue
la sinagoga

temple
el templo

ruin
la ruina

office building
el edificio de oficinas

theater
el teatro

cinema
el cine

factory
la fábrica

embassy
la embajada

opera house
la ópera

museum
el museo

art gallery
la galería de arte

THE CITY CENTER – **LA CIUDAD**

On the streets – En la calle

street light
la farola

pedestrian crossing light
el semáforo para
peatones

traffic lights
el semáforo

monument
la estatua

garbage can
la papelera

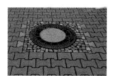

manhole cover
la tapa de alcantarilla

fire hydrant
la boca de incendio

cemetery
el cementerio

bus stop
la parada de autobús

kiosk
el quiosco

*underground parking
garage*
el garaje subterráneo

pedestrian zone
la zona peatonal

Can you tell me the way to ..., please?	Disculpe, ¿cómo puedo llegar a...?
Can you tell me where to find ..., please?	¿Me podría decir dónde está...?
Can you show me on the map, please?	¿Me lo podría indicar en el mapa?
at the corner	en la esquina
turn right/left	girar a la derecha/izquierda
on the right/left	a la derecha/izquierda
(diagonally) across	enfrente (en diagonal)
close (to)	cerca (de)

THE CITY CENTER – **LA CIUDAD**

The hotel – El hotel

reception
la recepción

receptionist
la recepcionista

key card
la tarjeta (de la
habitación)

bell
el timbre

lobby
el vestíbulo

bar
el bar

restaurant
el restaurante

resort
el complejo turístico

king room
la habitación doble

double room
la habitación con
dos camas

single room
la habitación individual

gym
el gimnasio

pool
la piscina

I have booked a room for	He reservado una habitación a nombre de...
How much is the room, please?	¿Qué precio tiene la habitación?
I'd like a king room for one night, please.	Querría una habitación doble por una noche.
Are there any vacancies?	¿Tienen habitaciones libres?

THE CITY CENTER – LA CIUDAD

The hotel – El hotel

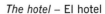

concierge
el/la conserje

luggage cart
el carrito del equipaje

*"Please don't disturb"
door hanger*
el letrero "No molestar"

luggage rack
el bastidor (para equipaje)

room service
el servicio de habitaciones

maid
la camarera de habitación

suite
la suite

hotel amenities
los productos de higiene

minibar
el minibar

room number
el número de habitación

breakfast buffet
el bufé de desayuno

three/four star hotel	el hotel de tres/cuatro estrellas
family room	la habitación familiar
to check in/out	registrar la entrada/salida
half board	la media pensión
full board	la pensión completa
bed and breakfast	la habitación con desayuno
extra bed	la cama supletoria
wake-up call	el servicio de despertador

safe
la caja fuerte

THE CITY CENTER – **LA CIUDAD**

The bank – El banco

payment terminal
la terminal de cobro con tarjeta

counter
la ventanilla

cashier
la cajera

ATM card
la tarjeta de débito

keyboard
el teclado

online banking
la banca en línea

ATM machine
el cajero automático

to withdraw money
retirar dinero

to deposit money
ingresar dinero

to write a check
extender un cheque

overdraft	el descubierto
checking account	la cuenta corriente
savings account	la cuenta de ahorro
PIN number	el número PIN
interest rate	el tipo de interés
loan	el préstamo
mortgage	la hipoteca
account number	el número de cuenta

THE CITY CENTER – LA CIUDAD

The bank – El banco

money
el dinero

coins
la moneda

currency
la divisa

bond
el valor

exchange rate
el tipo de cambio

safety deposit box
la caja de seguridad

safe
la caja fuerte

credit card
la tarjeta de crédito

stock market
la bolsa

market price
la cotización bursátil

financial advisor
el asesor financiero

invoice
la factura

Could I change this, please?	¿Podría cambiarme este dinero?
What's the current exchange rate?	¿A cómo está el curso actual?
I'd like to open an account, please.	Querría abrir una cuenta.
amount	el importe
traveler's check	el cheque de viaje
equity	el capital propio
commission	la comisión
exchange booth	la casa de cambio

transfer order
el formulario de
trasferencia

SHOPPING – **DE COMPRAS**

At the stores – En las tiendas

market
el mercado

market stall
el puesto del mercado

store window
la vitrina

pet store
la tienda de mascotas

produce
la tienda de verduras

butcher's
la carnicería

bakery
la panadería

sweet shop
la pastelería

supermarket
el supermercado

fish market
la pescadería

liquor store
la licorería

florist
la floristería

grocery store
la tienda de comestibles

organic grocery store
la tienda de productos
biológicos

stationery store
la papelería

corner store
la bodega

SHOPPING – **DE COMPRAS**

At the stores – En las tiendas

bookstore
la librería

drug store
la droguería

boutique
la boutique de moda

antique shop
la tienda de antigüedades

toy store
la juguetería

jewelry store
la joyería

furniture store
la tienda de muebles

appliance store
la tienda de electrónica

shoe store
la zapatería

hair salon
la peluquería

tailor's
la sastrería

perfumery
la perfumería

warehouse
el almacén

gift shop
la tienda de artículos
de regalo

pharmacy
la farmacia

optometrist
la óptica

SHOPPING – DE COMPRAS

The shopping mall – El centro comercial

inner court
el atrio

second floor
la segunda planta

first floor
la primera planta

store
la tienda

escalator
la escalera mecánica

ground floor
la planta baja

salesperson
la vendedora

food court
la plaza de comidas

fitting room
el probador

parking lot
el aparcamiento

babies' changing room
el cuarto para cambiar
al bebé

customer service	la atención al cliente
map	el plano general
security	el servicio de seguridad
Could I look at ..., please?	¿Podría mostrarme ...?
How much is it?	¿Qué precio tiene?
Can I exchange this, please?	¿Podría descambiar esto?
Could you wrap it as a present, please?	¿Podría envolverlo (-a) para regalo?
sale	las rebajas

SHOPPING – DE COMPRAS

The department store – Los grandes almacenes

mannequin
el maniquí

shopping bag
la bolsa de la compra

luggage department
la sección de bolsos

cafeteria
la cafetería

sporting goods
la sección de deportes

clothing department
la sección de mercería

lingerie
la lencería

cosmetics department
la sección de cosmética

menswear
la sección de caballeros

ladies' fashion
la sección de señoras

children's department
la sección de niños

shoe department
la sección de zapatería

grocery department
la sección de
comestibles

electronics department
la sección de multimedia

linens department
la sección de ropa del
hogar

stationery department
la sección de papelería

SHOPPING – **DE COMPRAS**

The supermarket – El supermercado

cashier
el cajero

customer
la clienta

goods
el artículo

conveyer belt
la cinta de la caja

shelf
el estante

shopping cart
el carrito de la compra

cash register
la caja

scanner
el escáner

delicatessen
el delicatessen

butcher
el mostrador de carnes

shopping list
la lista de la compra

aisle
el pasillo

shopping basket
la cesta de la compra

bar code
el código de barras

sale
la oferta

self-service checkout
la caja de autocobro

SHOPPING – DE COMPRAS

The supermarket – El supermercado

refrigerated foods
el refrigerador

dairy section
los productos lácteos

frozen foods
los congelados

fruits and vegetables
la fruta y verdura

meat and poultry
las carnes y aves

canned goods
las conservas

delicacies
las delicatessen

receipt
el tique de compra

baby products
los productos para
el bebé

breakfast cereal
los cereales para
desayunar

baked goods
los productos de
panadería y bollería

seafood section
el mostrador del
pescado

drinks	las bebidas
candy aisle	los dulces
pet food	la comida para animales
organic products	los productos biológicos
to pay	pagar
loose change	las monedas (sueltas)
price	el precio
price tag	la etiqueta del precio

detergents
los productos de
limpieza

SHOPPING – DE COMPRAS

The newsstand – El quiosco

newspaper
el periódico

magazine
la revista

notebook
el cuaderno

comic
el cómic

magazine rack
el expositor de revistas

greeting card
la tarjeta (de felicitación)

lottery ticket
el boleto de lotería

book
el libro

chewing gum
el chicle

mints
el caramelo de menta

chocolate bar
la barrita de chocolate

tobacco
el tabaco

cigarette
el cigarrillo

pipe
la pipa

lighter
el encendedor

cigar
el (cigarro) puro

CAFÉS AND BARS –
BARES Y CAFÉS

street café
la cafetería

terrace
la terraza

counter
la barra

coffee machine
la máquina de café

tray
la bandeja

tap
el grifo (de la cerveza)

bartender
el barman

barista
el barista

bar stool
el taburete

corkscrew
el sacacorchos

cocktail shaker
la coctelera

ice bucket
la enfriadera

to put something on the tab	apuntar algo en la cuenta
to pick up the tab	pagar la cuenta
to meet for a coffee	quedar para tomar un café
Where are the restrooms, please?	¿Dónde están los baños?
I'd like ...	Querría...
A glass of ..., please.	Póngame un vaso de ..., por favor.
A cup of ..., please.	Póngame una taza de ..., por favor.
May I have another, please.	Póngame otra vez lo mismo.

ashtray
el cenicero

THE SIGHTS –
MONUMENTOS Y CURIOSIDADES

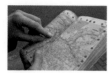

map
el mapa de la ciudad

tourist information
la información turística

tour guide
la guía turística

souvenir
el recuerdo

guided tour
la visita por la ciudad

sightseeing tour
el recorrido por la ciudad

river cruise
el recorrido por el río

aquarium
el acuario

viewing platform
el mirador

exhibition
la exposición

street entertainer
el/la artista
callejero/callejera

street performer
el artista callejero

line
la cola

guide	el guía turístico
gift shop	tienda de regalos
excursion	la excursión
opening hours	el horario de apertura
open	abierto (-a)
closed	cerrado (-a)
admission fee	el precio de la entrada
concession stand	el puesto de venta

ARCHITECTURE –
LA ARQUITECTURA

classical
clasicista

Gothic
gótico (-a)

baroque
barroco (-a)

Romanesque
románico (-a)

Renaissance
el Renacimiento

art deco
el art déco

art nouveau
el modernismo

rococo
el rococó

Bauhaus
el (estilo) Bauhaus

column
la columna

arch
el arco

dome
la cúpula

front	la fachada
wing	el ala
vault	la bóveda
tomb	el sepulcro
inner courtyard	el patio interior
town wall	la muralla de la ciudad
catacombs	las catacumbas
memorial	el lugar de conmemoración

landmark
el punto de referencia

PARKS AND PLAYGROUNDS –
PARQUES Y ZONAS DE RECREO

park
el parque

① *pavilion*
el pabellón

② *sidewalk*
la acera

③ *lawn for sunbathing*
el césped

gardens
los jardines

④ *fountain*
la fuente

⑤ *park bench*
el banco

botanical garden
el jardín botánico

estate
los jardines del palacio

landscape garden
el parque

lake
el lago

national park
el parque nacional

mountain park
el jardín en la ladera
de un monte

zoo
el zoo

safari park
el parque de safari

PARKS AND PLAYGROUNDS – PARQUES Y ZONAS DE RECREO

playground
el parque infantil

sandbox
el cajón de arena

① *swing set*
los columpios

② *slide*
el tobogán

monkey bars
la estructura para colgarse

③ *swing*
el columpio

④ *seesaw*
el balancín

maze
el laberinto

amusement park
el parque de atracciones

barbecue area
la zona para barbacoas

picnic
el picnic

to go for a walk
pasear

tightrope
la cuerda floja

to jog
hacer jogging

kiddie pool
la piscina para niños

EDUCATION AND WORK

EDUCACIÓN Y PROFESIÓN

AT SCHOOL –
EN LA ESCUELA

kindergarten
el jardín de infancia

preschool
la escuela de párvulos

elementary school
la escuela primaria

junior high school
la escuela preparatoria

high school
la escuela secundaria

class
la clase

exam
el examen

assembly hall
el aula

computer room
la sala de computadoras

principal
la directora de la escuela

teacher
la profesora

sports field
el campo de deporte

school uniform
el uniforme

essay	la redacción
class test	el trabajo escrito
grade	la nota
to graduate	alcanzar un grado
high school diploma	el graduado de high school
private school	el escuela privada
advanced level exams	la exámenes de admisión
boarding school	el internado

AT SCHOOL – EN LA ESCUELA

In the classroom – El aula

teacher's desk
el escritorio del profesor

blackboard
la pizarra

student (male)
el alumno

student (female)
la alumna

protractor
el transportador

pencil
el lápiz

notebook
el cuaderno escolar

pencil case
el estuche

triangle
la escuadra

ruler
la regla

school bag	la cartera
dictionary	el diccionario
tuition	la matrícula
chalk	la tiza
textbook	el libro de texto
pen	la pluma
ink	tinta
marker	el marcador

pocket calculator
la calculadora

AT SCHOOL – EN LA ESCUELA

School subjects – Las asignaturas

biology
la biología

math
las matemáticas

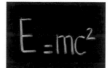
physics
la física

chemistry
la química

religious education
la clase de religión

ethics
la clase de ética

art
la clase de arte

geography
la geografía

languages
las lenguas extranjeras

history
la historia

physical education
la educación física

music
la música

drama
la dramática

computer science
la informática

woodwork and metalwork
la clase de
manualidades

social studies
la educación cívica

AT SCHOOL – **EN LA ESCUELA**

School subjects – Las asignaturas

technical drawing
el dibujo técnico

home economics
la economía doméstica

to write
escribir

to do addition
calcular

to spell
deletrear

to read
leer

to raise one's hand
pedir la palabra

class trip
la excursión con la clase

class schedule
el horario (de clases)

prom
el baile de graduación

homework
los deberes

sporting event
el evento deportivo

to draw	dibujar
to count	contar
exercise	el ejercicio
parent/teacher night	la reunión de padres
grades	las notas
exchange program	el intercambio
curriculum	el plan de estudios
subject	la asignatura

vacation
las vacaciones

AT SCHOOL – EN LA ESCUELA

In the laboratory – En el laboratorio

experiment
el experimento

safety goggles
los anteojos protectores

lab coat
la bata

test tube el tubo de ensayo	*safety glove* el guante protector	*lab equipment* el equipo para el laboratorio

tweezers
las pinzas

scalpel
el bisturí

magnifying glass
la lupa

thermometer
el termómetro

scale
la báscula

timer
el cronómetro

magnet
el imán

battery
la pila

AT SCHOOL – **EN LA ESCUELA**

In the laboratory – En el laboratorio

microscope
el microscopio

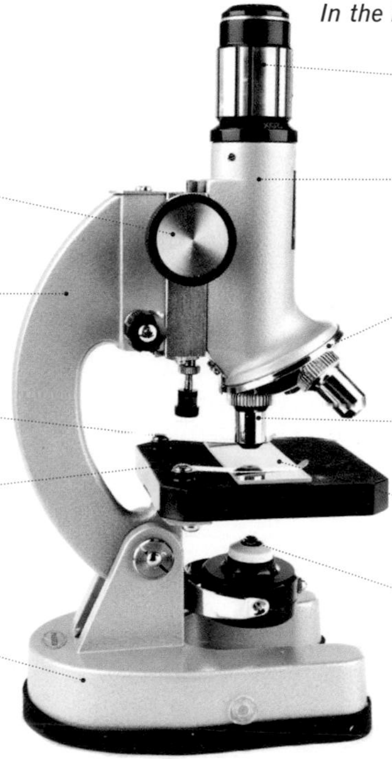

eyepiece
el ocular

focusing knob
el tornillo de enfoque

body tube
el tubo portaocular

arm
el brazo

(revolving) nosepiece
el revólver portaobjetivos

stage clip
la pinza

lens
el objetivo

stage
la platina

slide
el portaobjetos

base
el pie

lamp
la lámpara

pipette
la pipeta

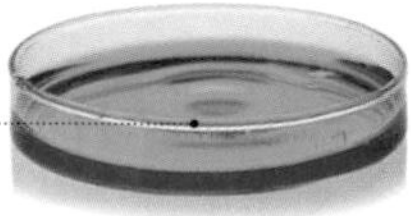

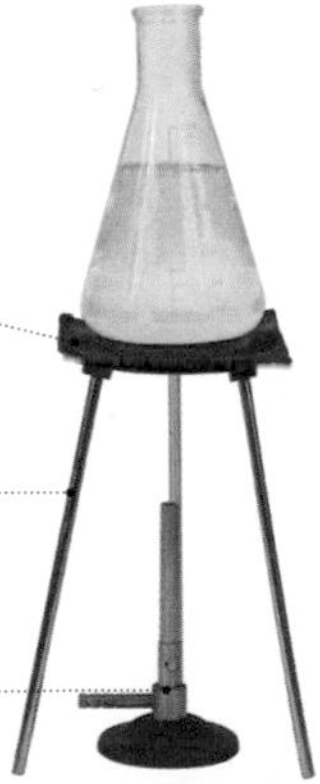

wire gauze
la malla metálica

tripod
el trípode

Petri dish
la placa de Petri

Bunsen burner
el mechero Bunsen

AT SCHOOL – **EN LA ESCUELA**

At lunch time – A la hora del almuerzo

lunch time
la hora de comer

tray
la bandeja

lunch box
la lonchera

sandwich
el bocadillo

school bell
la campana

locker
la taquilla

break
el recreo

playground
el patio de recreo

to play hopscotch
jugar a la rayuela

cafeteria
el comedor

packed lunch
el almuerzo

serving counter
el mostrador de la comida

AT SCHOOL – **EN LA ESCUELA**

The gymnasium – El gimnasio

volleyball
la pelota de voleibol

basketball
la pelota de basquetbol

handball
la pelota de balonmano

soccer ball
el balón de fútbol

baseball
la pelota de béisbol

badminton birdie
el volante de bádminton

tennis ball
la pelota de tenis

football
el balón de fútbol americano

hockey puck
el disco de hockey

basketball net
la cesta de basquetbol

rope ladder
la escala de cuerda

trampoline
el trampolín

wall bars
la espaldera

backboard
el tablero

rings
los aros

jump rope
la cuerda de saltar

AT COLLEGE –
EN LA UNIVERSIDAD

campus
el campus

lecture hall
el aula

political sciences
las ciencias políticas

art history
la historia del arte

law
el derecho

economics
las ciencias
empresariales

humanities
las humanidades

natural sciences
las ciencias naturales

engineering
la ingeniería

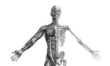

medicine
la medicina

educational sciences
la pedagogía

professor
el profesor

lecturer
la docente

diploma	el diploma
bachelor's degree	el título de grado
master's degree	el máster
dissertation	la tesis doctoral
PhD	el doctorado
postdoctoral lecturer qualification	la habilitación a cátedra
research	la investigación
research institute	el instituto de investigación

AT COLLEGE –
EN LA UNIVERSIDAD

to present a paper
hacer una exposición

seminar
el seminario

lecture
la conferencia

exam
el examen

reading room
la sala de lectura

check out desk
el préstamo

bookshelf
la estantería

oral exam
el examen oral

to graduate
concluir los estudios

dormitory
la residencia de
estudiantes

dining hall
el comedor de
estudiantes

library
la biblioteca

librarian	el bibliotecario
reference librarian	el bibliotecario de referencia
library card	la tarjeta de la biblioteca
to borrow	tomar prestado
to extend	prolongar el préstamo
to reserve	reservar
return date	la fecha de entrega
periodical	la publicación periódica

student
el estudiante

AT COLLEGE –
EN LA UNIVERSIDAD

study group
el grupo de trabajo

to study
estudiar

apprenticeship
el semestre de prácticas

internship
la pasantía

trainee position
el voluntariado

gap year
el año libre

part-time job
el trabajo temporal

bulletin board
el tablón de anuncios

vocational training
la formación
(profesional)

vocational school
la escuela de formación
profesional

art college
la escuela superior de
bellas artes

college of music
el conservatorio superior
de música

*academy of performing
arts*
la escuela de artes
escénicas

student ID	la tarjeta de estudiante
course	el curso
semester	el semestre
sabbatical	el año sabático
faculty	la facultad
assignment	los deberes
university degree	el título universitario
scholarship	la beca

THE WORLD OF WORK – **EL MUNDO LABORAL**

Job applications – La solicitud de empleo

job interview
la entrevista personal

human resources director
la responsable de recursos humanos

CV
cover letter
el currículum vitae
la carta de presentación

application documents
los documentos para la solicitud de empleo

applicant
la solicitante

job advertisement
la oferta de empleo

temp work
el trabajo temporal

permanent position
el empleo fijo

career
la carrera profesional

to *apply for a position*	solicitar un puesto de trabajo
working conditions	las condiciones laborales
shift work	el trabajo por turnos
part-time work	a tiempo parcial
full-time work	a tiempo completo
qualification	la cualificación
professional experience	la experiencia laboral

to *hire somebody*
contratar a alguien

THE WORLD OF WORK – EL MUNDO LABORAL

Occupations – Profesiones

doctor
el médico

surgeon
el cirujano

nurse
el enfermero

physical therapist
el fisioterapeuta

orthopedist
el traumatólogo

dentist
el dentista

psychologist
la psicóloga

pharmacist
la farmacéutica

optometrist
la óptica

veterinarian
el veterinario

receptionist
la recepcionista

lawyer
el abogado

judge
el juez(a)

accountant
el auditor

consultant
la asesora de empresas

computer specialist
el informático

THE WORLD OF WORK – **EL MUNDO LABORAL**

Occupations – Profesiones

architect
el arquitecto

engineer
la ingeniera

carpenter
el carpintero

electrician
el electricista

plumber
el fontanero

roofer
el techador

painter
el pintor

garbage collector
el basurero

car mechanic
la mecánico

farmer
el agricultor

soldier
la soldado

postal worker
la cartera

construction worker
el obrero de la
construcción

janitor
el empleado de la
limpieza

landscape gardener
el jardinero paisajista

fisherman
el pescador

THE WORLD OF WORK – EL MUNDO LABORAL

Occupations – Profesiones

pilot
el piloto

flight attendant
la auxiliar de vuelo

chef
el cocinero

waiter
el mesero

baker
el panadero

butcher
la carnicera

sales assistant
el vendedor

hairdresser
la peluquera

beautician
la esteticista

gardener
el jardinero

real estate agent
la agente de bienes
raíces

office administrator
la administrativa

paramedic
el paramédico

bus driver
el conductor de autobús

taxi driver
el taxista

delivery person
el mensajero

THE WORLD OF WORK – EL MUNDO LABORAL

Occupations – Profesiones

journalist
la periodista

scientist
el científico

graphic designer
la diseñadora gráfica

professional athlete
el deportista profesional

news reporter
la presentadora

actor
la actriz

singer
la cantante

dancer
el bailarín

artist
la pintora

photographer
el fotógrafo

musician
la música

dressmaker
la modista/sastra

sculptor
el escultor

bank manager
el gerente de la banca

librarian
el bibliotecario

teacher
el profesor

THE WORLD OF WORK – **EL MUNDO LABORAL**

Organizational structure – El organigrama

office administration el secretariado	*department for business administration* el sector comercial
	business administration management la dirección comercial
	IT management la dirección del departamento informático
	accounting la contabilidad
	controlling el control de gestión

secondary business segment el negocio secundario	*primary business segment* el negocio principal	*branch office* la sucursal/dependencia
general manager la gerencia	*general manager* la gerencia	*manager* el gerente
	team el equipo	
	team leader la dirección del equipo	
	employee el empleado	

public limited company	la sociedad anónima (S.A.)
shareholder	el accionista
shareholder	la accionista
limited liability company	la sociedad (de responsabilidad) limitada (S.L.)
limited commercial partnership consisting of a general partner and a limited partner	la sociedad limitada combinada con una comandita
limited partnership	la sociedad comanditaria
general commercial partnership	la sociedad colectiva (regular)
corporation	el consorcio

board
el consejo de dirección

associate
el socio

general manager
la gerencia

deputy
la subdirección (gerente)

notary public
el apoderado (general)

personnel department
el departamento de recursos humanos

personnel management
la dirección de recursos humanos

legal department
el departamento jurídico

marketing department
el departamento de marketing

marketing management
la dirección de marketing

PR department
el departamento de relaciones públicas

sales department
el departamento de ventas

sales management
la dirección de ventas

key account management
la gestión de cuentas clave

sales representative
el servicio externo

office work
el servicio interno

production
la producción

production management
la dirección de producción

customer service
la atención al cliente

customer acquisition
la adquisición de (nuevos) clientes

in-house counsel
el consejo de empresa

THE OFFICE – **LA OFICINA**

Office furniture – Muebles de oficina

workspace
el lugar de trabajo

letter tray
la bandeja

drawer
el cajón

office furniture
los muebles de oficina

desk
el escritorio

desk mat
el protector para
escritorio

office chair
la silla de oficina

safe
la caja fuerte

filing cabinet
el archivador

water cooler
el dispensador de agua

desk lamp
la lámpara de escritorio

bulletin board
el tablón de anuncios

wastepaper basket
la papelera

day planner	la agenda
file	el expediente
shredder	la destructora de documentos
mail compartment	el apartado de correos
appointment	el compartimento
internal mail	el correo interno
in-box	la bandeja para entradas
kitchen	la cocina

THE OFFICE – **LA OFICINA**

Office supplies – El material de oficina

scissors
las tijeras

highlighter
el marcador

desk organizer
el portalápices

notebook
el cuaderno de notas

post-it note
la nota adhesiva

self-adhesive strip
la banderita adhesiva

pencil
el lápiz

pencil sharpener
el sacapuntas

eraser
la goma de borrar

pen
el bolígrafo

paper clip
el clip

thumbtack
la chincheta

tape
la cinta adhesiva

stapler
la grapadora

hole punch
la perforadora

hanging file
el archivo colgante

envelope
el sobre

correction tape
el corrector

binder
la carpeta

letter opener
el abrecartas

THE OFFICE – **LA OFICINA**

Conference room – Sala de juntas

meeting
la reunión

participant
el asistente

agenda
el orden del día

to take the minutes
protocolar

flip chart
el rotafolio

conference table
la mesa de la sala de
reuniones

team leader
el jefe de equipo

*presentation
projector*
el proyector de la
presentación

bar chart
el diagrama de barras

pie chart
el diagrama de pastel

slide
la lámina

to *organize*	organizar
meeting	la reunión
report	el informe
minutes	el acta
contract	el contrato
business executive	el hombre de negocios
director	la mujer de negocios
business trip	el viaje de negocios

THE OFFICE – **LA OFICINA**

Office life – La vida de oficina

employer
el empleador

① *assistant*
la asistente

② *colleague*
el colega

③ *employee*
el empleado

④ *sales representative*
representante de ventas

⑤ *manager*
la directora (gerente)

⑥ *boss*
el jefe

business card
la tarjeta de visita

to be laid off
ser despedido (-a)

personnel
el personal

paternity leave
la excedencia por
paternidad/maternidad

temporary employee	la suplencia
vacation	las vacaciones
salary	el sueldo
promotion	el ascenso
to *terminate somebody*	despedir a alguien
to *resign from one's job*	presentar la dimisión
to *earn*	ganar
to *retire*	jubilarse

maternity leave
la baja por maternidad

COMMUNICATION

COMUNICACIÓN

THE COMPUTER – **LA COMPUTADORA**

The desktop computer – La computadora personal

desktop computer
el computadora personal

on/off switch
el botón de encendido/
apagado

USB port
el puerto USB

CD/DVD drive
el lector de CD/DVD

case
la carcasa de la
computadora

scroll wheel
la rueda (de
desplazamiento)

keyboard
el teclado

monitor
la pantalla

mouse
el ratón

keyboard
el teclado

escape key
la tecla de escape

tabulator key
la tecla de tabulación

caps lock key
la tecla de bloqueo de
mayúsculas

backspace key
la tecla suprimir en
retroceso

enter key
la tecla de enter

shift key
la tecla de mayúsculas

control key
la tecla de control

space bar
la barra espaciadora

THE COMPUTER – **LA COMPUTADORA**

Hardware and equipment – Hardware y componentes

speaker
el altavoz

laptop
la (computadora) portátil

electric cable
el cable de alimentación

laptop case
el maletín para portátil

processor
el procesador

external hard drive
el disco duro (externo)

main memory
la memoria

webcam
la cámara web

CD-ROM
el CD-ROM

USB flash drive
la memoria USB

scanner
el escáner

ink-jet printer
la impresora de chorro
de tinta

laser printer
la impresora láser

ink cartridge
el cartucho de tinta

toner cartridge
el cartucho de tóner

mouse pad
la alfombrilla

THE COMPUTER – LA COMPUTADORA

Working on a computer – Trabajar con la computadora

to type
escribir con el teclado

to click
hacer clic

to scroll
desplazar

to cut
cortar

to copy
copiar

to paste
pegar

to print a file
imprimir un archivo

to save
guardar

to open a file
abrir un archivo

to delete
eliminar

folder
la carpeta

trash can
la papelera

to search
buscar

to enter	introducir
to move a file	mover un archivo
to create a back-up	hacer una copia de seguridad
to select	seleccionar
to log on	conectarse
to log off	desconectarse
reboot	el reinicio
bytes	los bytes

THE COMPUTER – LA COMPUTADORA

Working on a computer – Trabajar con la computadora

to undo
deshacer

to restore
restaurar

settings
los ajustes

font
el tipo de letra

error message
el mensaje de error

cursor
el cursor

hourglass pointer
el reloj (de arena)

volume control
el control del volumen

to minimize a window
minimizar la ventana

to eject a disk
expulsar el disco

to shut down the computer
apagar el equipo

to boot the computer
encender el equipo

file	el fichero
program	el programa (informático)
scroll bar	la barra de desplazamiento
to install a program	instalar un programa
to uninstall a program	desinstalar un programa
operating system	el sistema operativo
task bar	la barra de tareas
progress bar	la barra de progreso

window
la ventana

THE COMPUTER – **LA COMPUTADORA**

The Internet – El Internet

Wi-Fi
el/la wifi

router
el router

LAN cable
el cable LAN

browser
el navegador

bookmark
el marcador

download
la descarga

message
el mensaje

social media
los medios (de
comunicación) sociales

online purchase
la compra en internet

encryption
la codificación

e-mail address
la dirección electrónica

attachment
el (archivo) adjunto

to *forward an e-mail*
reenviar un e-mail

to *send*	enviar
to *receive*	recibir
user account	la cuenta de usuario
incoming mail	la entrada de correos
outgoing mail	la salida de correos
out-of-office reply	el mensaje de ausencia
spam	el correo spam
to *surf the Internet*	navegar en internet

THE COMPUTER – **LA COMPUTADORA**

Mobile devices – Dispositivos electrónicos móviles

tablet
la tableta

e-book reader
el lector de libros
electrónicos

MP3 player
el reproductor de MP3

Bluetooth® headset
el auricular bluetooth®

app
la aplicación

SIM card
la tarjeta SIM

mobile case
la funda para el celular

mobile phone
el celular

flashdrive
la memoria USB

to swipe
desplazar

text message
el (mensaje de texto)
SMS

smartphone
el teléfono inteligente

touchscreen
la pantalla táctil

data storage	la memoria
software	el software
dead zone	la zona sin cobertura
flat rate	la tarifa plana
pay-as-you-go card	la tarjeta prepago
credit	el crédito
ringtone	el tono
battery	la batería

THE TELEPHONE – EL TELÉFONO

display
la pantalla

telephone directory
la guía telefónica

answering machine
el contestador automático

telephone keypad
el teclado

receiver
el auricular

cable
el cable

cordless phone
el teléfono inalámbrico

receiver
el auricular

to answer
descolgar

to hang up
colgar

base
la base

headphones
el auricular

microphone
el micrófono

fax machine
el fax

to call somebody	llamar a alguien (por teléfono)
to dial	marcar (el número)
to ring	sonar
I'd like to speak to ..., please.	Querría hablar con ..., por favor.
Sorry, I've dialed the wrong number.	Lo siento, me he equivocado de número.
I'll put you through.	Ahora le paso.
Please leave a message after the tone.	Deje un mensaje después de oír la señal.
Could you call me back please?	¿Podría llamarme más tarde por favor?

THE MEDIA – LOS MEDIOS DE COMUNICACIÓN

Television – La televisión

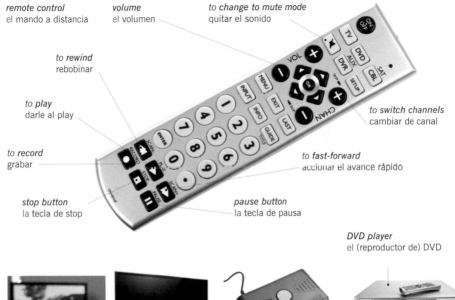

remote control
el mando a distancia

volume
el volumen

to change to mute mode
quitar el sonido

to rewind
rebobinar

to play
darle al play

to record
grabar

to switch channels
cambiar de canal

to fast-forward
accionar el avance rápido

stop button
la tecla de stop

pause button
la tecla de pausa

video game
el videojuego

TV
el televisor

digital receiver
el receptor digital

DVD player
el (reproductor de) DVD

DVD
el (disco) DVD

cable TV	la televisión por cable
free TV	la televisión en abierto
pay TV	la televisión de pago
to watch TV	ver la tele(visión)
TV series	la serie de televisión
to channel surf	zapear
episode	el capítulo
surround sound	el sonido estereofónico

satellite dish
la antena parabólica

THE MEDIA – LOS MEDIOS DE COMUNICACIÓN

Television – La télévision

set
el set

teleprompter®
el teleprompter®

news anchor
la locutora

news
las noticias

interview
la entrevista

interviewee
el entrevistado

reporter
la reportera

microphone
el micrófono

scene
la escena

actor
el actor

live broadcast
la retransmisión en directo

audience
el público

clapperboard
la claqueta

documentary	el documental
talk show	el programa de entrevistas
feature	el reportaje
game show	el concurso
presenter	el presentador
host	la presentadora
contestant	el participante
sitcom	la telecomedia

THE MEDIA – **LOS MEDIOS DE COMUNICACIÓN**

Radio – La radio

DJ
el locutor

recording
la grabación

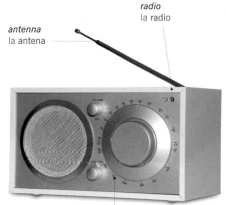

antenna
la antena

radio
la radio

radio station
la emisora de radio

weather forecast
el parte meteorológico

frequency
la frecuencia

traffic news
las noticias de tráfico

radio hits countdown
el programa de éxitos
musicales

radio drama
la radionovela

live recording
la grabación en directo

program	el programa
reporter	el reportero
field reporter	el reportero de campo
jingle	la música publicitaria
commercial	el anuncio publicitaria
to broadcast	emitir
long wave	la onda larga
short wave	la onda corta

THE MEDIA – LOS MEDIOS DE COMUNICACIÓN

Print – Publicaciones impresas

newspaper
el periódico

tabloid format
el formato tabloide

picture
la imagen

article
el artículo

front page
la portada

headline
el titular

lead paragraph
el avance

column
la columna

broadsheet
el periódico de gran formato

want ads
la bolsa de trabajo

pamphlet
el folleto publicitario

advertisement
el anuncio

subscription
la suscripción

leader	el editorial (del periódico)
obituary	la nota necrológica
quality paper	el periódico serio
tabloid	el periódico sensacionalista
weekly paper	el semanario
daily paper	el diario
column	la columna
supplement	el suplemento

THE MEDIA – LOS MEDIOS DE COMUNICACIÓN

Print – Publicaciones impresas

hardcover book
el libro de tapa dura

paperback
el libro de bolsillo

cover
la encuadernación

cover board
la tapa

spine
el lomo

dust jacket
la sobrecubierta

page
el página

bookmark
el marcador de cinta

to *flip through a book*
hojear un libro

non-fiction book
el libro de divulgación

novel
la novela

page number	el número de página
index	el índice
to *skim a page*	ojear una página
children's book	el libro infantil
fiction	la ficción
non-fiction	la literatura de no ficción
table of contents	el índice
chapter	el capítulo

coffee-table book
la monografía de
fotografía

THE POST OFFICE –
LA OFICINA DE CORREOS

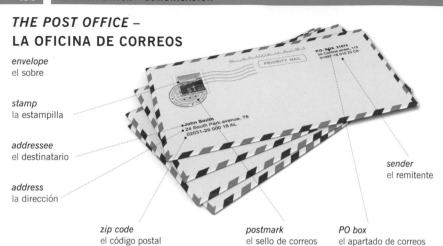

envelope
el sobre

stamp
la estampilla

addressee
el destinatario

address
la dirección

sender
el remitente

zip code
el código postal

postmark
el sello de correos

PO box
el apartado de correos

postcard
la tarjeta postal

to sign a delivery confirmation
firmar el acuse de recibo

mailbox
el buzón

to mail a letter
tirar una carta al buzón

parcel
el paquete

letter	la carta
express letter	el correo urgente
postage paid	sin gastos de envío
to receive a letter	recibir una carta
to reply to a letter	contestar una carta
to send somebody a letter	enviarle a alguien una carta
registered letter	el correo certificado
snail mail	el correo ordinario

THE POST OFFICE –
LA OFICINA DE CORREOS

packing tape
la cinta adhesiva

packing peanuts
los pedacillos de poliestireno

small package
el paquete

via airmail
por correo aéreo

postage
el franqueo

fragile
frágil

keep dry
proteger de la humedad

this end up
arriba

delivery
la entrega

to *deliver*	entregar
collection times	el horario de recogida
postage paid	envío gratuito
weight	el peso
scale	la balanza
mailbox	el buzón de casa
mail order	el giro postal
Do not bend!	¡No doblar!

courier service
el servicio de mensajería

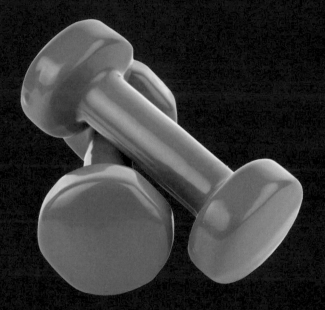

SPORTS AND FITNESS

DEPORTE Y FITNESS

BALL SPORTS – **DEPORTES DE PELOTA**

Soccer – El fútbol

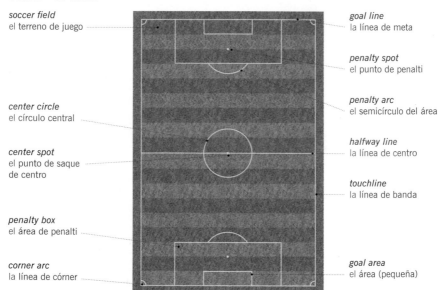

soccer field
el terreno de juego

center circle
el círculo central

center spot
el punto de saque
de centro

penalty box
el área de penalti

corner arc
la línea de córner

goal line
la línea de meta

penalty spot
el punto de penalti

penalty arc
el semicírculo del área

halfway line
la línea de centro

touchline
la línea de banda

goal area
el área (pequeña)

stadium
el estadio

stand
la tribuna

spectators
los aficionados

expulsion
la expulsión

red card
la tarjeta roja

referee
el árbitro

BALL SPORTS – **DEPORTES DE PELOTA**

Soccer – El fútbol

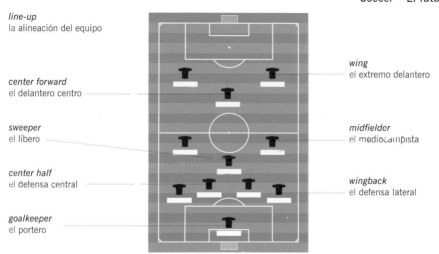

line-up
la alineación del equipo

center forward
el delantero centro

sweeper
el líbero

center half
el defensa central

goalkeeper
el portero

wing
el extremo delantero

midfielder
el mediocampista

wingback
el defensa lateral

to tackle
atacar

corner
el saque de córner

free kick
el lanzamiento de falta

throw-in
el saque de banda

league	la liga
first division	la primera liga
championship	el campeonato
cup	la copa
yellow card	la tarjeta amarilla
to suspend a player	suspender a un jugador
foul	la falta
defense	la defensa

goal
el gol

BALL SPORTS – **DEPORTES DE PELOTA**

Soccer – El fútboll

soccer
el fútbol

soccer shoe
la bota de fútbol

cleat
el taco

goalkeeper's glove
el guante de portero

shorts
el pantalón

shin guard
la espinillera

sock
la media

to *save the ball*
parar la pelota

net
la red de la portería

goal post
el poste

goalkeeper's glove
el guante de portero

to *shoot*
lanzar

crossbar	el larguero
half-time	el (medio) tiempo
draw	el empate
overtime	la prórroga
penalty	el penalti
offside	el fuera de juego
to *head*	rematar de cabeza
to *kick*	chutar

BALL SPORTS – DEPORTES DE PELOTA

Handball – El balonmano

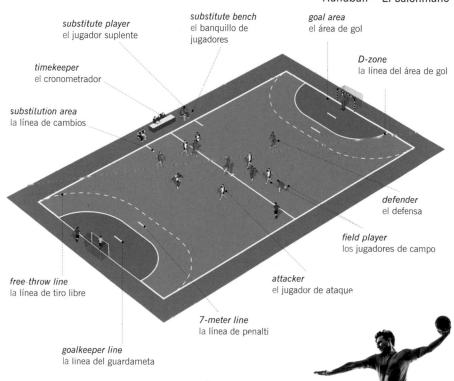

substitute player
el jugador suplente

substitute bench
el banquillo de
jugadores

goal area
el área de gol

D-zone
la línea del área de gol

timekeeper
el cronometrador

substitution area
la línea de cambios

defender
el defensa

field player
los jugadores de campo

free-throw line
la línea de tiro libre

attacker
el jugador de ataque

7-meter line
la línea de penalti

goalkeeper line
la linea del guardameta

left wing	el ala izquierda
right wing	el ala derecha
one-handed pass	el lanzamiento en apoyo
time penalty	la penalización de tiempo
disqualification	la descalificación
time out	el tiempo muerto
warning	la amonestación
7-meter throw	el penalti

jump shot
el lanzamiento en
suspensión

BALL SPORTS – **DEPORTES DE PELOTA**

Volleyball – El voleibol

attack zone
la zona de ataque

white tape
la banda blanca

left/right attacker
el extremo delantero

net
la red

middle attacker
el delantero centro

attack line
la línea de ataque

back zone
la zona de defensa

clear space
la zona libre

sweeper
el líbero

baseline
la línea de ataque

back
el defensa

side line
la línea de fondo

line judge
el juez de línea

players' bench
el banquillo

beach volleyball
el vóley-playa

to spike
rematar

to block
bloquear

serve
el saque

to bump
recibir en rebote

to set
recibir en toque

dig
la plancha

BALL SPORTS – **DEPORTES DE PELOTA**

Basketball – El básquetbol

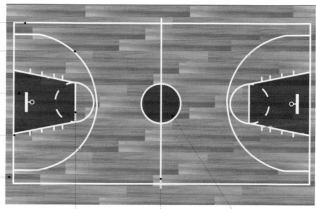

sideline
la banda

three-point-line
la línea de tres puntos

restricted area
la zona de tres segundos

baseline
la línea de fondo

to be out
estar (en) fuera
de banda

free throw line
la línea de tiro libre

midcourt line
la línea media

center circle
el círculo central

dunk
el mate

backboard
el tablero (de canasta)

hoop
el anillo

net
la red

basket
la canasta

slam dunk	la bandeja
double dribble	doble regate
rebound	el rebote
jump shot	el salto
to catch	recibir
to throw	tirar
to shoot	lanzar a canasta
to cover	cubrir

OTHER BALL SPORTS –
OTROS DEPORTES DE PELOTA

field hockey
el hockey

ice hockey
el hockey sobre hielo

hockey stick
el stick

puck
el disco

softball
el sóftbol

baseball
el béisbol

baseball bat
el bate

baseball glove
el guante

football
el fútbol americano

rugby
el rugby

cricket
el críquet

cricket bat
el bate de críquet

whistle
el silbato

team	el equipo
winner	el vencedor
loser	el perdedor
world champion	el campeón del mundo
tournament	el torneo
score	el tanteo
coach (male)	el entrenador
coach (female)	la entrenadora
scoreboard	el marcador

RACKET SPORTS – **DEPORTES CON RAQUETAS**

Badminton – El bádminton

badminton court
la cancha de bádminton

left service court
el cuadro de servicio izquierdo

right service court
el cuadro de servicio derecho

service line
la línea de servicio largo
de individuales

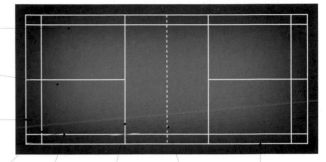

short service line
la línea de servicio corto

double sideline
la línea lateral de individuales

long service line
la línea de servicio largo
de dobles

single sideline
la línea lateral de dobles

center line
la línea (divisoria)
central

squash
el squash

racquetball
el raquetbol

badminton racket
la raqueta de bádminton

frame
el bastidor

stringing
el cordaje

handle
la empuñadura

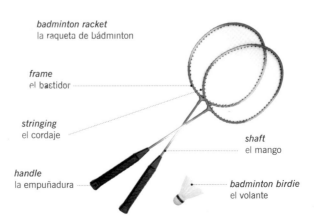

shaft
el mango

badminton birdie
el volante

RACKET SPORTS – **DEPORTES CON RAQUETAS**

Tennis – El tenis

ball boy
el recogepelotas

baseline
la línea de fondo

backcourt
el pista trasera

service line
la línea de servicio

singles sideline	*doubles sideline*	*service line*	*net*
la línea lateral de individuales	la línea lateral de dobles	la línea central de servicio	la red

tennis ball
la pelota de tenis

tennis racket
la raqueta de tenis

forehand
la ventaja

backhand	el revés
singles	el individual
doubles	los dobles
tiebreaker	el desempate
deuce	los cuarenta iguales
fault	la falta
ace	el saque directo
set	el set
umpire	el juez
serve	servir
lineman	el juez de línea
volley	volea

RACKET SPORTS – **DEPORTES CON RAQUETAS**

Table tennis – El tenis de mesa

table tennis table
la mesa de ping-pong

top of the net
la cinta de la red

net support
el soporte de la red

side line
la línea de banda

net
la red

mesh
la malla de la red

end line
la línea de fondo

center line
la línea central

table tennis paddle
la pala (de ping-pong)

blade
la cara

covering
el revestimiento

penholder grip
la presa asiática

shake hands grip
la presa europea

table tennis ball
la pelota (de ping-pong)

handle
el mango

GOLF –
EL GOLF

golf course
el campo de golf

water hazard
el obstáculo de agua

sand trap
el obstáculo de arena

fairway
la pista

rough
el rough

tee-off
la salida

stance
la postura

to putt
meter en el hoyo

flag
el banderín

tee
el tee

golf ball
la pelota de golf

hole
el hoyo

green
el green

GOLF –
EL GOLF

golf clubs
los palos de golf

wood
la madera

iron
el hierro

wedge
el wedge

putter
el putter

golf bag
la bolsa de golf

to drive
hacer un drive

follow-through
el backswing

golfer
el jugador de golf

caddie
el caddie

push cart
el carrito de golf

to swing	hacer un swing
to chip	hacer un chip
to tee off	salir
par	el par
birdie	el birdie
bogey	el uno sobre par
handicap	el hándicap
hole-in-one	el hoyo en uno

golf cart
el buggy

ATHLETICS –
EL ATLETISMO

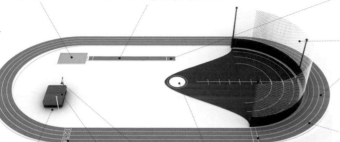

landing pit
el área de caída

long jump and triple jump
el salto de longitud y triple salto

runway
la pista de salto

safety cage
la red protectora

lane
la calle

track
la pista

high jump
el salto de altura

bar
el listón

finish line
la llegada

discus throw and hammer throw
el lanzamiento de disco y martillo

starting line
la línea de salida

landing pad
la colchoneta

throwing circle
el círculo de lanzamiento

sprint
el esprín

starting block
el taco de salida

hurdles
la carrera de obstáculos

hurdle
la valla

pole vault
el salto con pértiga

relay race	la carrera de relevos
baton	el testigo
break a record	batir un récord
marathon	el/la maratón
javelin	el lanzamiento de jabalina
personal best	la mejor marca personal
stop watch	el cronómetro
starter pistol	la pistola de salida

GYMNASTICS – LA GIMNASIA

vault table
el potro

handstand
el pino

a split
el split

high bar
la barra fija

parallel bars
las barras

pommel horse
el caballo con arcos

rings
las anillas

balance beam
la barra de equilibrio

floor exercise
la gimnasia de suelo

uneven bars
la barras asimétricas

leotard
el leotardo de gimnasia

gymnasium
el gimnasio

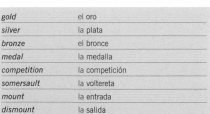

gymnast
la gimnasta

chalk
el magnesio

gold	el oro
silver	la plata
bronze	el bronce
medal	la medalla
competition	la competición
somersault	la voltereta
mount	la entrada
dismount	la salida

WATER SPORTS – **DEPORTES ACUÁTICOS**

Swimming – La natación

competition pool
la piscina de competición

① *backstroke turn indicator*
el indicador de viraje

② *lane*
la calle

③ *finish wall*
el muro de llegada

④ *line*
la línea

⑤ *water*
el agua

⑥ *starting block*
el podio de salida

⑦ *lane marker*
la corchera

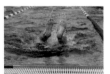

turn
el viraje

stroke
la brazada

backstroke
el estilo de espalda

breast stroke
el estilo de braza

freestyle
nadar estilo crol

butterfly
el estilo mariposa

racing dive
el salto de salida

false start
la salida nula

WATER SPORTS – **DEPORTES ACUÁTICOS**

Swimming – La natación

water polo
el waterpolo

to dive
saltar

diving
el salto de trampolín

synchronized swimming
la natación sincronizada

water wings
los manguitos

tube
el flotador

swimming pool
la piscina para
nadadores

wading pool
la piscina para no
nadadores

life jacket
el chaleco salvavidas

pool noodle
el churro de piscina

to swim	nadar
diving board	el trampolín
diving platform	la torre de saltos
float	la tabla de natación
to splash	chapotear
lifeguard	el socorrista
water aerobics	aerobic acuático
aquatic park	el parque acuático

swimmer
la nadadora

swimming cap
el gorro

bathing suit
el traje de baño

goggles
las gafas

WATER SPORTS – DEPORTES ACUÁTICOS

Sailing – La navegación

mast
el mástil

rigging
el aparejo

mainsail
la vela mayor

foresail
el foque

bow
la proa

hull
el casco

stern
la popa

life saver
el salvavidas

flare
la bengala

yachtsman
el navegante

boom
el botalón

cockpit
la bañera

tiller
la caña de timón

swell	la marejada
wind	el viento
ocean current	la corriente marina
anchor	el ancla
crew	la tripulación
rudder	el remo
to capsize	volcar
to cruise	cruzar
marina	el puerto deportivo
lifeboat	el bote salvavidas
catamaran	el catamarán

WATER SPORTS – **DEPORTES ACUÁTICOS**

Diving – El buceo

wetsuit
el traje de submarinista

fins
la aleta

diving tank
la botella (de aire
comprimido)

diving boot
la bota

diving regulator
el regulador

snorkel
el tubo

flashlight
la linterna

diving mask
las gafas

depth gauge
el batímetro

contents gauge
el manómetro

kayak
el kayak

double-bladed paddle
el remo de dos palas

canoe
la canoa

single-bladed paddle
el remo de una pala

seat
el asiento

stem
la roda de proa

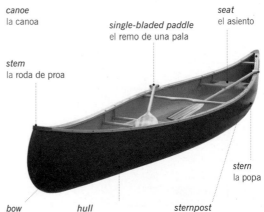

stern
la popa

bow
la proa

hull
el casco

sternpost
la roda de popa

WATER SPORTS – **DEPORTES ACUÁTICOS**

Surfing – El surf

to surf hacer surf	*surfboard* la tabla de surf	*windsurfing* el windsurf	*clew* el pajarín	*mast* el mástil

surfer el surfista	*wave* la ola	*sail* la vela	*windsurfer* el windsurfista

paddleboard
 la tabla de paddle surf

kite-surfing
 el kitesurf

boogieboarding
 hacer boogieboarding

wakeboarding
 el wakeboarding

jet-ski®
 la moto de agua

water-ski
 el esquí acuático

rowing
 el remo

rafting
 el rafting

MARTIAL ARTS –
LAS ARTES MARCIALES

karate
el kárate

aikido
el aikido

kendo
el kendo

tae kwon do
el taekwondo

black belt
el cinturón negro

judo
el yudo

kung fu
el kung-fu

kickboxing
el kick boxing

wrestling
la lucha

boxing
el boxeo

punching bag
el saco de boxeo

speed bag
la pera de boxeo

headgear
el casco

boxing glove
el guante de boxeo

mouthguard	el protector (bucal)
sparring	el esparrin
knock-out	el nocaut
self-defense	la defensa personal
t'ai chi	el tai-chi
jiujitsu	el jiu-jitsu
capoeira	la capoeira
wing chun	el wing-chun

EQUESTRIAN SPORTS –
DEPORTES DE HÍPICA

riding helmet
el casco

rider
la amazona

saddle
la silla

jodhpurs
los pantalones de montar

mane
la melena

horse
el caballo

brow band
la frontalera

bridle
la brida

nose band
la muserola

bit
el bocado con barbada

rein
la rienda

stirrup
el estribo

girth
la cincha

hoof
el casco

jump
el salto

cantle
el borrén trasero

riding boot
la bota de montar

pommel
el borrén

EQUESTRIAN SPORTS –
DEPORTES DE HÍPICA

horse racing
la carrera de caballos

racehorse
el caballo de carreras

jockey
el yóquey

dressage
la doma

horseback riding
la salida a caballo

harness racing
las carreras de trotones

steeplechase
la carrera con saltos

to ride bareback
montar sin silla

stable
el establo

rodeo
el rodeo

polo
el polo

show jumping
el salto ecuestre

horseshoe	la herradura
riding crop	la fusta
paddock	la dehesa
canter	el galope corto
gallop	el galope
walk	el paso de andadura
trotting race	la carrera de trotones
flat race	el turf

groom
el cuidador

FISHING –
LA PESCA

fisherman
el pescador

fishing rod and line
la caña

fishing rod
la caña de pescar

fishing jacket
el chaleco

to catch a fish
pescar un pez

landing net
la red para recoger

waders
las botas altas de goma

fishing equipment
el equipamiento de pesca

fishing line
el sedal

artificial fly
la mosca

float
el flotador

fish hook
el anzuelo

eye
el ojo

barb
la lengüeta

spool
la bobina

fishing reel
el carrete

crank
la manivela

FISHING – **LA PESCA**

surfcasting
la pesca de orilla

to net
pescar con red

deep sea fishing
la pesca de altura

fresh water fishing
la pesca de agua dulce

spear fishing
la pesca con arpón

to reel in
recoger

fly fishing
la pesca con mosca

to catch
pescar

to release
soltar

bait
el cebo

catch
la pesca

lobster trap
la trampa para langostas

fishing license	la licencia de pesca
to bite	picar
krill	la cesta de la pesca
support (for fishing tackle)	el portacañas
lure	el señuelo
harpoon	el arpón
to cast the fishing line	lanzar la caña
to reel in a fish	recoger la caña con el pez

tackle box
la caja de aparejos

WINTER SPORTS –
LOS DEPORTES DE INVIERNO

helmet
el casco

powder
la nieve en polvo

basket
la arandela

ski pole
el bastón de esquí

ski suit
el traje de esquí

ski lift
la telecabina

tip
la punta

ski
el esquí

ski boot
la bota de esquí

ski trail
la pista de esquí

edge
el canto

skier
el esquiador

slalom
el eslalon

downhill skiing
el descenso

ski jumping
el salto de esquí

off-trail
fuera de la pista

ski slope
la pista de esquí

biathlon
el biatlón

cross-country skiing
el esquí de fondo

cross-country ski run
la pista de esquí
de fondo

WINTER SPORTS –
LOS DEPORTES DE INVIERNO

ski goggles
las gafas de esquí

snowboarder
el snowboarder

half pipe
la halfpipe

rail
el rail esquí

snowboard
la tabla de snowboard

safety binding
la fijación

sledding
ir en trineo

luge
el luge

bobsledding
el bobsled

curling
el curlin

to ice skate
patinar sobre hielo

speed skating
el patinaje de velocidad

skiing	el esquí
snowboarding	el snowboard
winter pentathlon	el pentatlón de invierno
freestyle	el estilo libre
snow shoeing	la excursión con raquetas de nieve
dog sledding	el trineo de perros
après ski	después de esquiar
ski lodge	la cabaña en la nieve

figure skating
el patinaje artístico

OTHER SPORTS –
OTROS DEPORTES

climbing
la escalada

hiking
el excursionismo

biking
el ciclismo

mountain biking
el ciclismo de montaña

rappelling
el descenso en rapel

bungee jumping
el salto en bungee

hang-gliding
el ala delta

parachuting
el paracaidismo

rally driving
el rally

formula one
la Fórmula 1

motocross
el motocrós

motorbike racing
la carrera de motos

skateboarding
el skateboarding

longboarding
el skate en tabla larga

in-line skating
el patinaje en línea

off-roading
ir en todoterreno

OTHER SPORTS –
OTROS DEPORTES

fencing
el esgrima

bowling
los bolos

archery
el tiro con arco

hunting
la caza

darts
los dardos

pool
el billar

snooker
el snooker

lacrosse
el lacrosse

rhythmic gymnastics
la gimnasia rítmica

Frisbee®
el frisbee

triathlon
el triatlón

rugby
el rugby

bocce
la petanca

ballet
el ballet

croquet
el croquet

free running
el parkour

FITNESS –
EL FITNESS

gym
el gimnasio

weight training
el entrenamiento
con pesas

barbell
la barra de pesas

biceps curl
el ejercicios para bíceps

weight
el peso

dumbbell
la mancuerna

bench
el banco

bench press
la fuerza en banco

to train
entrenar

stationary bike
bicicleta estática

elliptical trainer
el crosstrainer

exercise ball
la pelota de fitness

mat
la colchoneta

treadmill
la caminadora

rowing machine
la máquina de remo

FITNESS – EL FITNESS

lunge
la estocada

forward bend
la flexión hacia delante

push-up
la plancha

sit-up
el abdominal

muscle ache
las agujetas

pull-up
la dominada

knee bend
la sentadilla

Pilates
el pilates

spin class
el spinning®

heart rate monitor
el pulsímetro

aerobics
el aeróbic

step
el estep

sneaker
zapatilla de deporte

to *warm up*	calentar
to *cool down*	refrescarse
circuit training	el entrenamiento en circuito
bodypump	el bodypump
sauna	la sauna
locker room	el vestidor
stretch	el estiramiento
to *burn calories*	quemar calorías

FREE TIME

TIEMPO LIBRE

THEATER –
EL TEATRO

① *balcony*
el balcón

② *mezzanine level*
el anfiteatro

③ *box*
el palco

④ *dress circle*
el primer balcón

⑤ *tier*
la fila

⑥ *wings*	⑦ *stage*	⑧ *lobby*	⑨ *orchestra level*	⑩ *seat*	⑪ *curtain*
los bastidores	el escenario	el vestíbulo	la/el platea	la butaca	el telón

variety show
las variedades

open-air theater
el teatro al aire libre

ballet
el ballet

performance
la representación

magician
el mago

comedian
el cómico

tragedy
la tragedia

comedy
la comedia

THEATER – EL TEATRO

play
la obra de teatro

① *set*
el decorado

② *cast*
el reparto

③ *costume*
el vestuario

④ *applause*
el aplauso

⑤ *audience*
el público

rehearsal
el ensayo

⑥ *actor*
el actor

⑦ *actress*
la actriz

⑧ *director*
el director

premiere	el estreno
intermission	el descanso
program	el programa
dress rehearsal	el ensayo general
usher	el acomodador
backstage	tras bastidores
box office	la taquilla
ticket	la entrada

dressing room
el camerino

MUSIC – LA MÚSICA

The orchestra – La orquesta

symphony orchestra la orquesta sinfónica	*gong* el gong	*snare drum* la caja clara	*bass drum* el bombo	*kettle drum* el timbal

xylophone el xilófono	*tubular bells* las campanas tubulares	*conductor's podium* el podio	*music stand* el atril

conductor
el director de orquesta

baton
la batuta

soloist
la solista

opera singer
la cantante de ópera

musical score
las notas

overture	la obertura
quartet	el cuarteto
sonata	la sonata
pitch	el tono
to tune an instrument	afinar un instrumento
orchestra pit	el foso de la orquesta
chorus	el coro
opera	la ópera

MUSIC – **LA MÚSICA**

Musical instruments – Los instrumentos musicales

violin
el violín

bow
el arco

cello
el violoncelo

acoustic guitar
la guitarra acústica

harp
el arpa

electric guitar
la guitarra eléctrica

bass guitar
el bajo

tuba
la tuba

trombone
el trombón

bassoon
el fagot

oboe
el oboe

French horn
la trompa

trumpet
la trompeta

piccolo
el flautín

saxophone
el saxofón

clarinet
el clarinete

flute
la flauta travesera

MUSIC – **LA MÚSICA**

Musical instruments – Los instrumentos musicales

tambourine
el tamborín

cymbal
los platillos

hi-hat
el hi hat

drum set
la batería

triangle
el triángulo

maracas
la maraca

bongo drums
los bongos

kettle drum
el timbal

castanets
las castañuelas

sistrum
el sistro

pan pipes
la zampoña

drumstick
la baqueta

harmonica
la harmónica

bagpipe
la gaita

accordion
el acordeón

grand piano
el piano de cola

MUSIC –
LA MÚSICA

notation
la notación

treble clef
la clave de sol

stave line
la línea

bass clef
la clave de fa

key signature
el accidente

time signature
el compás

note
la notación

sharp
el sostenido

bar line
la barra de compás

classical music
la música clásica

heavy metal
el heavy metal

rap
el rap

hip-hop
el hip hop

reggae	el reggae
pop	la música pop
country music	la música country
indie music	la música indie
blues	el blues
techno	el tecno
soul	el soul
disco	la música disco

jazz
el jazz

rock
el rock

MUSIC – **LA MÚSICA**

Concerts – El concierto

rock concert
el concierto de rock

① *spotlight*
el foco

② *microphone*
el micrófono

③ *band*
el grupo de música

④ *guitarist*
el guitarrista

⑤ *amplifier*
el amplificador

⑥ *bass guitarist*
el bajista

⑦ *drummer*
el batería

⑧ *lead singer*
el cantante

concert venue
la sala de conciertos

fans
los fans

music festival
el festival de música

DJ
el disyóquey

mixing console
la mesa de mezclas

to sing	cantar
to sing along	cantar (a la par)
to whistle	silbar
encore	el bis
crowd-surfing	el crowd surfing
rave	el rave
song	la canción
lyrics	la letra de la canción

MUSIC – **LA MÚSICA**

Listening to music – Escuchar música

stereo system
el equipo de música estéreo

MP3 player
el MP3

CD player
el reproductor de CD

volume control
el control de volumen

loudspeaker
el altavoz

record
el disco

record player
el tocadiscos

USB port
la entrada de USB

radio
la radio

vocal piece	la pieza vocal
composition	la composición
instrumental piece	la pieza instrumental
acoustic	acústico (-a)
chorus	el estribillo
tune	la melodía
beat	el ritmo
cassette	el/la casete

headphones
el auricular

HOBBIES –
AFICIONES

to engrave
grabar

to carve
tallar

to collect stamps
coleccionar estampilas

model trains
el modelismo ferroviario

sculpture
la escultura

to sculpt
modelar

to do pottery
hacer alfarería

to make mosaics
construir mosaicos

model making
el modelismo

to make jewelry
hacer bisutería

to read
leer

to cook
cocinar

to garden
trabajar en el jardín

origami	la papiroflexia
papier-mâché	el cartón piedra
scrapbooking	el scrapbooking
to restore furniture	restaurar muebles
to sing in a choir	cantar en un coro
to make films	rodar películas
to watch birds	observar los pájaros
creative writing	la escritura creativa

HOBBIES – AFICIONES

Arts and crafts – Arte y manualidades

colored pencil
el lápiz de color

watercolor
la acuarela

crayon
el crayón

gloss paint
la pintura

oil pastel
la cera

chalk
la tiza

oil paint
la pintura al óleo

acrylic paint
la pintura acrílica

pastel
el crayón pastel

felt tip
el rotulador

India ink
la tinta china

charcoal
el carboncillo

gouache
el gouache

glue
el pegamento

brush
el pincel

palette
la paleta

HOBBIES – **AFICIONES**

Arts and crafts – Arte y manualidades

watercolor painting
la (pintura a la) acuarela

oil painting
la pintura al óleo

collage
el colaje

mural art
el muralismo

pen-and-ink drawing
el dibujo a tinta

abstract art
la pintura abstracta

landscape art
el paisajismo

portrait painting
la pintura de retratos

pencil drawing
el dibujo a lápiz

still life
la naturaleza muerta

graffiti
el grafiti

screen printing
la serigrafía

sketch
el boceto

nude painting
el desnudo

canvas
el lienzo

cardboard
el cartón

color
el color

HOBBIES – AFICIONES

Arts and crafts – Arte y manualidades

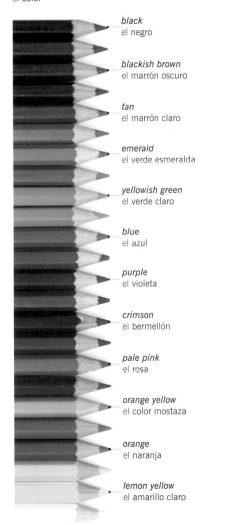

black
el negro

blackish brown
el marrón oscuro

tan
el marrón claro

emerald
el verde esmeralda

yellowish green
el verde claro

blue
el azul

purple
el violeta

crimson
el bermellón

pale pink
el rosa

orange yellow
el color mostaza

orange
el naranja

lemon yellow
el amarillo claro

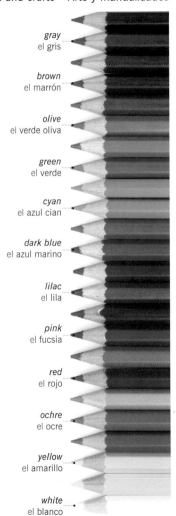

gray
el gris

brown
el marrón

olive
el verde oliva

green
el verde

cyan
el azul cian

dark blue
el azul marino

lilac
el lila

pink
el fucsia

red
el rojo

ochre
el ocre

yellow
el amarillo

white
el blanco

HOBBIES – AFICIONES

Sewing and knitting – Coser y hacer punto

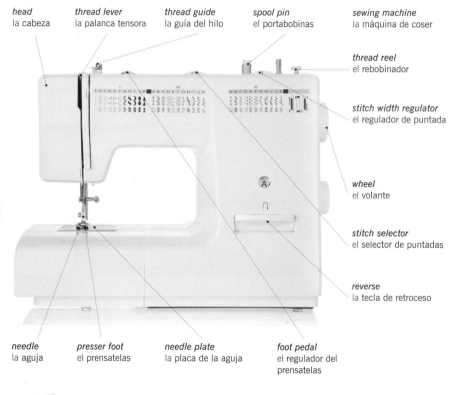

head
la cabeza

thread lever
la palanca tensora

thread guide
la guía del hilo

spool pin
el portabobinas

sewing machine
la máquina de coser

thread reel
el rebobinador

stitch width regulator
el regulador de puntada

wheel
el volante

stitch selector
el selector de puntadas

reverse
la tecla de retroceso

needle
la aguja

presser foot
el prensatelas

needle plate
la placa de la aguja

foot pedal
el regulador del prensatelas

overlock
la máquina overlock

tape measure
la cinta métrica

bobbin
la canilla

thread
el hilo

HOBBIES – **AFICIONES**

Sewing and knitting – Coser y hacer punto

tailor's dummy
el maniquí

scissors
las tijeras

sewing kit
el costurero

pincushion
el acerico

pattern
el patrón

needle
la aguja

pin
el alfiler

safety pin
el imperdible

fabric
la tela

button
el botón

to thread
enhebrar un hilo

needle threader
el enhebrador

knitting needles
la aguja para
hacer punto

wool
la lana

thimble
el dedal

seam ripper
el abrecosturas

HOBBIES – **AFICIONES**

Sewing and knitting – Coser y hacer punto

to sew
coser

to cut
cortar

patchwork
el patchwork

to crochet
hacer ganchillo

cross stitch
el punto de cruz

to quilt
hacer una colcha

to knit
hacer punto

to darn
remendar

to weave
tejer

to make lace
hacer encaje

to hook a rug
hacer una alfombra
de nudos

zippers
las cremalleras

to unpick
descoser

to embroider	bordar
linen	el lino
silk	la seda
nylon®	el nailon
cotton	el algodón
polyester	el poliéster
stitch	la puntada
to tack	hilvanar

HOBBIES – AFICIONES

Movies – Las películas

movie theater
la sala de cine

snack bar
el bar

① *big screen*
la pantalla de cine

② *row*
la fila

drink
la bebida

popcorn
las palomitas

box office
la taquilla

comedy
la comedia

horror film
la película de terror

romance
la película romántica

animated film	la película de dibujos animados
western	la película del Oeste
preview	el preestreno
film poster	el cartel
premiere	el estreno
thriller	la película de suspense
science-fiction film	la película de ciencia ficción
movie ratings	la calificación de películas

3D film
la película en 3D

HOBBIES – AFICIONES

Photography – Fotografía

program selector
el selector de programas

reflex camera
la cámara réflex

hot shoe
el soporte del flash

(pop-up) flash
el flash (emergente)

zoom lens
el zoom

lens
el objetivo

shutter release
el disparador

camera body
el cuerpo de la cámara

aperture dial
el regulador del diafragma

delayed self-timer light
la luz del disparador automático

disposable camera
la cámara de usar y tirar

instant camera
la cámara Polaroid®

film camera
la cámara analógica

digital camera
la cámara digital

tripod
el trípode

flashgun
el flash desmontable

filter
el filtro

lens cap
la tapa del objetivo

HOBBIES – AFICIONES

Photography – Fotografía

film
el carrete

photo studio
el estudio fotográfico

to take a photo
sacar una foto

image editing
la edición de imágenes

compact flash memory card
la tarjeta flash compacta

to pose for a photo
dejarse fotografiar

camera case
el estuche para la cámara

dark room
el cuarto oscuro

memory card
la tarjeta de memoria

out of focus
desenfocado (-a)

overexposed
sobreexpuesto (-a)

underexposed
subexpuesto (-a)

portrait format	el formato vertical
landscape format	el formato horizontal
enlargement	la ampliación
red-eye effect	el efecto ojos rojos
matte	mate
glossy	brillo
photo album	el álbum de fotos
negative	el negativo

digital frame
el marco digital

HOBBIES – **AFICIONES**

Games – Juegos

playing card
el naipe

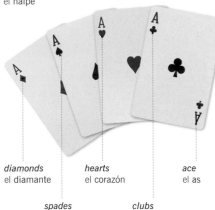

joker
el comodín

king
el rey

diamonds
el diamante

hearts
el corazón

ace
el as

spades
la pica

clubs
el trébol

queen
la dama

jack
la sota

to shuffle
mezclar las cartas

to deal
dar

hand
la mano

to play poker
jugar al póquer

domino
la ficha de dominó

backgammon
el backgammon

checkers
la damas

jigsaw puzzle
el puzle

HOBBIES – AFICIONES

Games – Juegos

chess
el ajedrez

king
el rey

queen
la dama

bishop
el alfil

knight
el caballo

rook
la torre

pawn
el peón

white square
la casilla blanca

chessboard
el tablero de ajedrez

black square
la casilla negra

move
la movimiento

board game
el juego de mesa

Monopoly®
el Monopoly®

parchisi
el parchís

to *roll the dice*	lanzar los dados
to *cheat*	hacer trampas
luck	la suerte
bad luck	la mala suerte
Whose turn is it?	¿A quién le toca?
It's your turn.	Te toca a ti.
to *win*	ganar
to *lose*	perder

Jenga®
la Jenga®

dice
el dado

VACATION – **VACACIONES**

At the beach – En la playa

beach
la playa

sand dune
la duna

sunset
la puesta del sol

sea
el mar

beach chair
el sillón de playa

sand
la arena

coast
la costa

boardwalk
el paseo marítimo

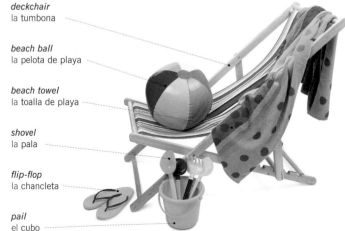

deckchair
la tumbona

beach ball
la pelota de playa

beach towel
la toalla de playa

shovel
la pala

flip-flop
la chancleta

pail
el cubo

VACATION – **VACACIONES**

At the beach – En la playa

umbrella
la sombrilla

pebble beach
la playa de piedras

beach shelter
el paravientos

sandcastle
el castillo de arena

seaweed
las algas marinas

sunscreen
la crema solar

beach resort
el complejo de playa

jetty
el embarcadero

crossword
el crucigrama

sudoku
el sudoku

beach hut
la caseta de playa

beach bar
el chiringuito de playa

low tide	la marea baja
high tide	la marea alta
current	la corriente
nudist beach	la playa nudista
flotsam	el despojo del mar
to snorkel	practicar snorkeling
sunburn	la quemadura de sol
surf	el oleaje

to sunbathe
tomar el sol

VACATION – VACACIONES

Camping – La acampada

motor home
la casa rodante

camper
la caravana

camper van
la furgoneta

tepee
el tipi

folding chair
la silla de camping

gas burner
el hornillo de camping

barbecue grill
la parrilla

campfire
la parte para las fogatas

campsite
el camping

pocket knife
la navaja

hammock
la hamaca

tent
la carpa

to pitch a tent
armar una carpa

gas cylinder	la bombona de gas
propane gas	el gas propano
headlamp	la linterna frontal
power connector	la toma eléctrica
shower and toilet block	las duchas y los sanitarios
firelighter	el encendedor
charcoal	el carbón de leña
insect repellent	el insecticida

VACATION – VACACIONES

Camping – La acampada

sleeping bag
el saco de dormir

screen
la parte exterior
de la carpa

inner tent
la parte interior
de la carpa

tent flap
la puerta de la carpa

frame
el armazón de la carpa

ground cloth
el suelo aislante

zipper
la cremallera

air mattress
la colchoneta de aire

backpack
la mochila

sleeping pad
la colchoneta aislante

hiking pole
el palo de trekking

tent stake
la piqueta

flashlight
la linterna

hiking boot
la bota de montaña

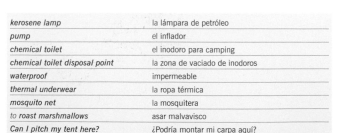

kerosene lamp	la lámpara de petróleo
pump	el inflador
chemical toilet	el inodoro para camping
chemical toilet disposal point	la zona de vaciado de inodoros
waterproof	impermeable
thermal underwear	la ropa térmica
mosquito net	la mosquitera
to roast marshmallows	asar malvavisco
Can I pitch my tent here?	¿Podría montar mi carpa aquí?

water canister
la garrafa de agua

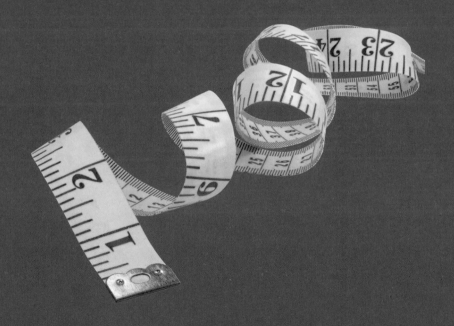

BODY AND HEALTH

EL CUERPO Y LA SALUD

THE BODY –
EL CUERPO

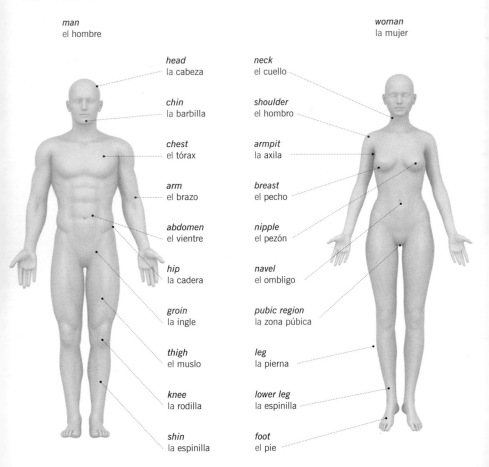

man
el hombre

woman
la mujer

head
la cabeza

chin
la barbilla

chest
el tórax

arm
el brazo

abdomen
el vientre

hip
la cadera

groin
la ingle

thigh
el muslo

knee
la rodilla

shin
la espinilla

neck
el cuello

shoulder
el hombro

armpit
la axila

breast
el pecho

nipple
el pezón

navel
el ombligo

pubic region
la zona púbica

leg
la pierna

lower leg
la espinilla

foot
el pie

THE BODY –
EL CUERPO

woman
la mujer

man
el hombre

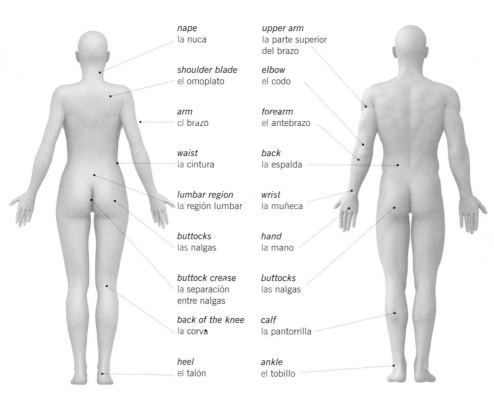

nape
la nuca

shoulder blade
el omoplato

arm
el brazo

waist
la cintura

lumbar region
la región lumbar

buttocks
las nalgas

buttock crease
la separación
entre nalgas

back of the knee
la corva

heel
el talón

upper arm
la parte superior
del brazo

elbow
el codo

forearm
el antebrazo

back
la espalda

wrist
la muñeca

hand
la mano

buttocks
las nalgas

calf
la pantorrilla

ankle
el tobillo

THE BODY – **EL CUERPO**

Hand and foot – La mano y el pie

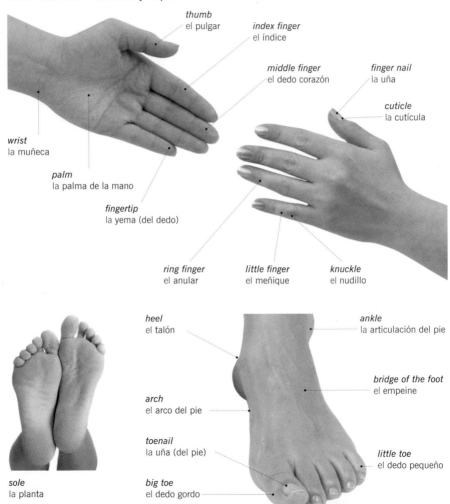

thumb
el pulgar

index finger
el índice

middle finger
el dedo corazón

finger nail
la uña

cuticle
la cutícula

wrist
la muñeca

palm
la palma de la mano

fingertip
la yema (del dedo)

ring finger
el anular

little finger
el meñique

knuckle
el nudillo

heel
el talón

ankle
la articulación del pie

bridge of the foot
el empeine

arch
el arco del pie

toenail
la uña (del pie)

little toe
el dedo pequeño

sole
la planta

big toe
el dedo gordo

THE BODY – **EL CUERPO**

The head – La cabeza

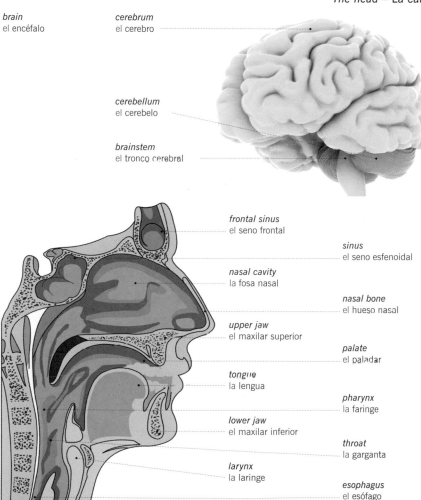

brain
el encéfalo

cerebrum
el cerebro

cerebellum
el cerebelo

brainstem
el tronco cerebral

frontal sinus
el seno frontal

sinus
el seno esfenoidal

nasal cavity
la fosa nasal

nasal bone
el hueso nasal

upper jaw
el maxilar superior

palate
el paladar

tongue
la lengua

pharynx
la faringe

lower jaw
el maxilar inferior

throat
la garganta

larynx
la laringe

esophagus
el esófago

THE BODY – **EL CUERPO**

Muscles – Los músculos

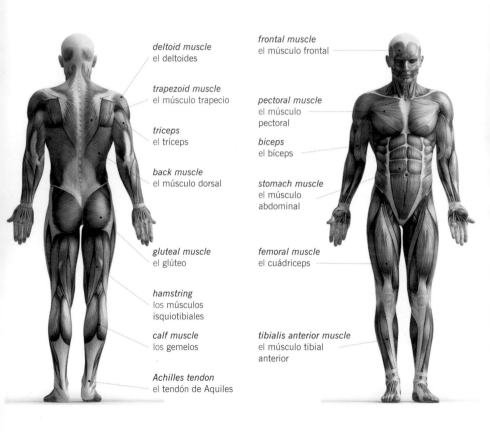

deltoid muscle
el deltoides

trapezoid muscle
el músculo trapecio

triceps
el tríceps

back muscle
el músculo dorsal

gluteal muscle
el glúteo

hamstring
los músculos
isquiotibiales

calf muscle
los gemelos

Achilles tendon
el tendón de Aquiles

frontal muscle
el músculo frontal

pectoral muscle
el músculo
pectoral

biceps
el bíceps

stomach muscle
el músculo
abdominal

femoral muscle
el cuádriceps

tibialis anterior muscle
el músculo tibial
anterior

THE BODY – **EL CUERPO**

The skeleton – El esqueleto

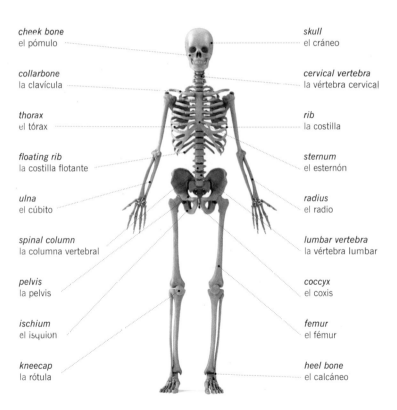

cheek bone
el pómulo

collarbone
la clavícula

thorax
el tórax

floating rib
la costilla flotante

ulna
el cúbito

spinal column
la columna vertebral

pelvis
la pelvis

ischium
el isquion

kneecap
la rótula

skull
el cráneo

cervical vertebra
la vértebra cervical

rib
la costilla

sternum
el esternón

radius
el radio

lumbar vertebra
la vértebra lumbar

coccyx
el coxis

femur
el fémur

heel bone
el calcáneo

THE BODY – **EL CUERPO**

Internal organs – Los órganos internos

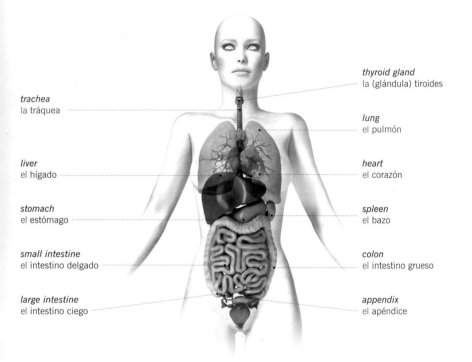

thyroid gland
la (glándula) tiroides

trachea
la tráquea

lung
el pulmón

liver
el hígado

heart
el corazón

stomach
el estómago

spleen
el bazo

small intestine
el intestino delgado

colon
el intestino grueso

large intestine
el intestino ciego

appendix
el apéndice

kidney	el riñón
pancreas	el páncreas
duodenum	el duodeno
gall bladder	la vesícula biliar
diaphragm	el diafragma
tissue	el tejido
tendon	el tendón
gland	la glándula
cartilage	el cartílago

THE BODY – EL CUERPO

The body's systems – Los sistemas y aparatos del cuerpo

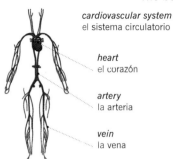

cardiovascular system
el sistema circulatorio

heart
el corazón

artery
la arteria

vein
la vena

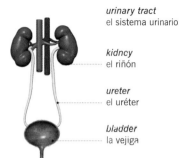

urinary tract
el sistema urinario

kidney
el riñón

ureter
el uréter

bladder
la vejiga

respiratory system
el sistema respiratorio

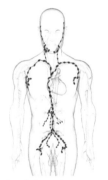

*male reproductive
system*
el aparato reproductivo
masculino

digestive system
el aparato digestivo

endocrine system
el sistema endocrino

lymphatic system
el sistema linfático

nervous system	el sistema nervioso
circulation	la circulación sanguínea
sense of touch	el sentido del tacto
sense of sight	el sentido de la vista
sense of hearing	el sentido del oído
sense of smell	el sentido del olfato
sense of taste	el sentido del gusto
sense of balance	el sentido del equilibrio

*female reproductive
system*
el aparato reproductivo
femenino

THE BODY – **EL CUERPO**

Sex organs – Los órganos sexuales

male sex organs
los órganos sexuales masculinos

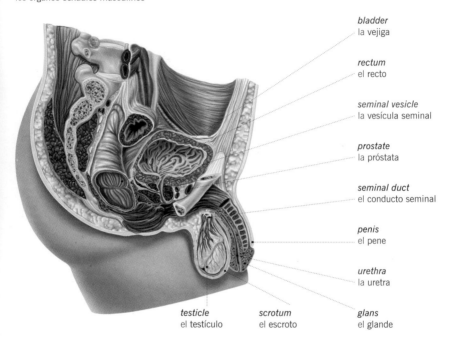

bladder
la vejiga

rectum
el recto

seminal vesicle
la vesícula seminal

prostate
la próstata

seminal duct
el conducto seminal

penis
el pene

urethra
la uretra

testicle
el testículo

scrotum
el escroto

glans
el glande

erection	la erección
foreskin	el prepucio
circumcision	la circuncisión
ejaculation	la eyaculación
potent/impotent	potente/impotente
hormone	la hormona
sexual intercourse	las relaciones sexuales
sexually transmitted disease	la enfermedad venérea

THE BODY – **EL CUERPO**

Sex organs – Los órganos sexuales

female sex organs
los órganos sexuales femeninos

fallopian tube
la trompa de Falopio

ovary
el ovario

uterus
el útero

bladder
la vejiga

cervix
el cuello uterino

urethra
la uretra

labium
el labio (vaginal)

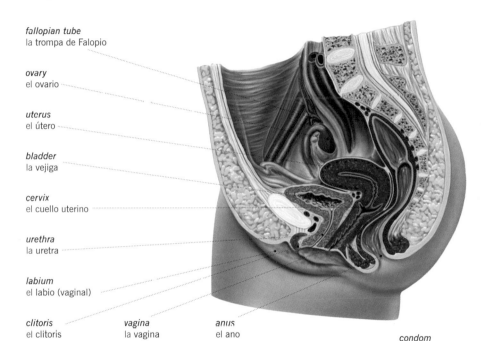

clitoris
el clitoris

vagina
la vagina

anus
el ano

condom
el condón

birth control pill
la píldora anticonceptiva

IUD	el DIU
sponge	el pesario
diaphragm	el diafragma
contraception	la anticoncepción
ovulation	la ovulación
menstruation	la menstruación
infertile/fertile	estéril/fértil
abortion	la interrupción del embarazo

PREGNANCY AND BIRTH –
EMBARAZO Y NACIMIENTO

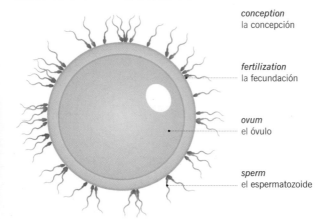

conception
la concepción

fertilization
la fecundación

ovum
el óvulo

sperm
el espermatozoide

ultrasound
la ecografía

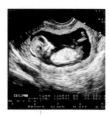

embryo
el embrión

pregnancy test
la prueba de embarazo

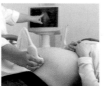

sonogram
la ecografía

midwife
la comadrona

birth
el nacimiento

pregnant	embarazada
labor pains	las contracciones
to *induce labor*	provocar el parto
to *push*	empujar
umbilical cord	el cordón umbilical
placenta	la placenta
amniotic fluid	el líquido amniótico
amniotic sac	la bolsa amniótica

PREGNANCY AND BIRTH – EMBARAZO Y NACIMIENTO

bottle
el biberón

measuring scoop
la cuchara dosificadora

formula
la leche en polvo

to breast-feed
dar el pecho

baby
el bebé

premature baby
el bebé prematuro

incubator
la incubadora

newborn baby
el recién nacido

breast pump
el sacaleches

delivery room	la sala de partos
Cesarean section	la cesárea
premature birth	el parto prematuro
miscarriage	el aborto (involuntario)
identical twins	los gemelos (univitelinos)
fraternal twins	los mellizos (bivitelinos)
birth weight	el peso al nacer
vaccination	la vacuna

to bottle-feed
darle el biberón

AT THE DOCTOR'S – IR AL MÉDICO

to measure blood pressure
medir la tensión arterial

waiting room
la sala de espera

prescription
la receta

doctor
la médica

patient
la paciente

cuff
el manguito

stethoscope
el estetoscopio

consultation room
el consultorio

examination table
la camilla de examen

blood pressure monitor
el tensiómetro

doctor's office hours	horas de consultorio
to take a blood sample	extraerle sangre a alguien
appointment	la cita
treatment	el tratamiento
diagnosis	el diagnóstico
referral	la derivación (médica)
results	los resultados
health insurance	el seguro médico

SYMPTOMS AND ILLNESSES –
SÍNTOMAS Y ENFERMEDADES

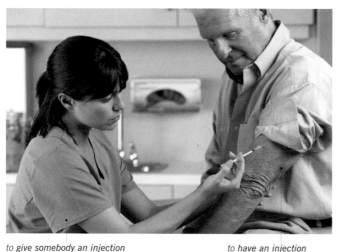

sore throat
el dolor de garganta

headache
el dolor de cabeza

to give somebody an injection
poner una inyección

to have an injection
recibir una inyección

virus	el virus
infection	la infección
allergy	la alergia
rash	la erupción cutánea
eczema	el eccema
migraine	la migraña
nosebleed	la hemorragia nasal
conjunctivitis	la conjuntivitis
inflammation of the middle ear	la otitis (media)
diarrhea	la diarrea
stomach flu	la gastroenteritis
dizziness	el mareo
nausea	las náuseas
cramp	el calambre
bronchitis	la bronquitis
bladder infection	la cistitis

stomachache
el dolor de estómago

toothache
el dolor de muelas

SYMPTOMS AND ILLNESSES –
SÍNTOMAS Y ENFERMEDADES

ill
enfermo, -a

cold
el constipado

cough
la tos

healthy
sano, -a

flu
el resfriado

influenza
la gripe

sneezing
el estornudo

fever
la fiebre

hay fever
la fiebre del heno

high/low blood pressure
la tensión arterial
alta/baja

inflammation	la inflamación
shingles	la culebrilla
deficiency symptom	el síntoma de deficiencia
blood poisoning	la septicemia
psoriasis	la (p)soriasis
childhood illness	la enfermedad infantil
rubella	la rubeola
scarlet fever	la escarlatina
chickenpox	la varicela
mumps	las paperas
whooping cough	la tos ferina
measles	el sarampión
polio	la poliomielitis
tetanus	el tétano(s)
tuberculosis	la tuberculosis
rickets	el raquitismo
meningitis	la meningitis
diphtheria	la difteria
rabies	la rabia

SYMPTOMS AND ILLNESSES – SÍNTOMAS Y ENFERMEDADES

rheumatism
el reúma

diabetes
la diabetes

insomnia
el insomnio

AIDS
el SIDA

asthma
el asma

inhaler
el inhalador

breathing difficulty	la disnea
Alzheimer's disease	el alzheimer
dementia	la demencia
Parkinson's disease	el párkinson
cancer	el cáncer
abscess	la úlcera
thyroid disorder	la enfermedad de las tiroides
heart attack	el infarto de miocardio
stroke	el ataque de apoplejía
HIV positive/negative	seropositivo,-a/seronegativo, -a
multiple sclerosis	la esclerosis múltiple
epilepsy	la epilepsia
depression	la depresión
eating disorder	el trastorno de la conducta alimentaria
addiction	la adicción

transplant
el trasplante

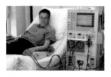

dialysis
la diálisis

DISABILITIES –
DISCAPACIDADES

handle
el agarrador

guide dog
el (perro) lazarillo

wheelchair
la silla de ruedas

arm rest
el reposabrazos

hand-rimmed wheel
la rueda de empuje

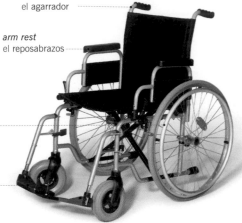

foot rest
el reposapiés

walking stick
el bastón

sign language
el lenguaje de señas

hearing aid
el audífono

wheeled walker
el andador

crutches
las muletas

artificial limb
la prótesis

paralyzed	paralítico, -a
spastic paralysis	la parálisis espasmódica
to *limp*	cojear
blind	ciego, -a
hard of hearing	con problemas de audición
deaf	sordo, -a
disabled	discapacitado, -a
severely disabled	con discapacidad grave

INJURIES – LESIONES

sprain
el esguince

burn
la quemadura

cut
el corte

fracture
la fractura

poisoning
la intoxicación

insect bite
la picadura de insecto

bruise
el hematoma

to faint
desmayarse

whiplash
el traumatismo cervical

blister
la ampolla

sunburn
la quemadura de sol

slipped disc
la hernia discal

wound	la herida
burn	la quemadura
blood	la sangre
to bleed	sangrar
hemorrhage	la hemorragia
concussion	la conmoción cerebral
to dislocate an arm/a vertebra	dislocarse un brazo/una vértebra
to sprain/fracture one's foot	torcerse/quebrarse un pie

electric shock
la descarga eléctrica

AT THE DENTIST'S –
IR AL DENTISTA

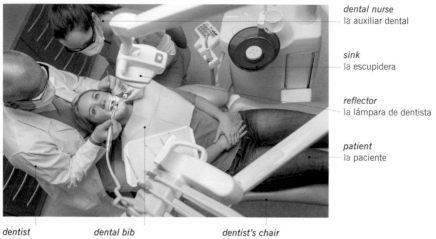

dental nurse
la auxiliar dental

sink
la escupidera

reflector
la lámpara de dentista

patient
la paciente

dentist
el dentista

dental bib
el babero dental

dentist's chair
el sillón odontológico

dental instruments
los instrumentos
de dentista

surgical mask
la mascarilla

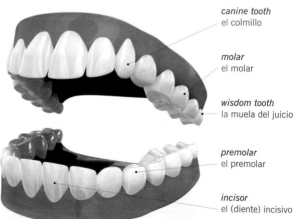

canine tooth
el colmillo

molar
el molar

wisdom tooth
la muela del juicio

premolar
el premolar

incisor
el (diente) incisivo

tooth
el diente

enamel
el esmalte dental

gum
la encía

root
la raíz

nerve
el nervio

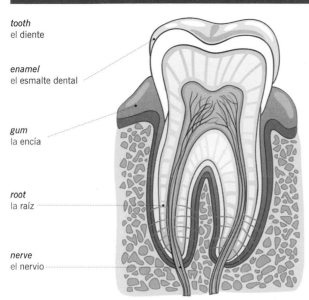

AT THE DENTIST'S – **IR AL DENTISTA**

dentures
la prótesis dental

retainer
la retenedor dental

braces
la ortodoncia

to floss one's teeth
limpiar con seda dental

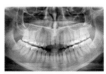

X-ray
la radiografía

crown
la funda

implant	el implante
to extract a tooth	sacar un diente
local anesthetic	la anestesia local
oral hygiene	la higiene bucal
plaque	la placa dental
tooth decay	la caries
filling	el empaste
root canal	el tratamiento de la raíz

mouthwash
el enjuague bucal

AT THE OPTOMETRIST –
EN EL CONSULTORIO DEL OPTOMETRISTA

eye
el ojo

pupil
la pupila

glasses
los lentes

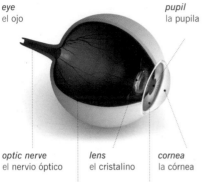

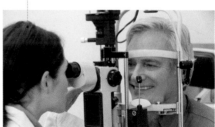

optic nerve
el nervio óptico

lens
el cristalino

cornea
la córnea

frame
la montura

lens
el cristal

retina
la retina

iris
el iris

optometrist
la óptica

eye test
el examen de la vista

lens case
el recipiente

contact lens
la lente de contacto

glasses cloth	el paño de los lentes
eye drops	las gotas para los ojos
reading glasses	los lentes para leer
far-sighted	hipermétrope
near-sighted	miope
bifocal glasses	los lentes progresivos
cataract	la catarata
glaucoma	el glaucoma

IN THE HOSPITAL –
EN EL HOSPITAL

hospital room
la habitación

private room
la habitación privada

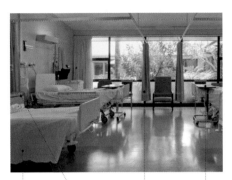

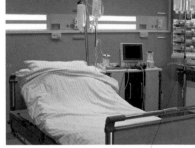

bedside table
la mesita

overbed table
el atril

IV pole
el atril

hospital bed
la cama

privacy curtain
la cortina

to be admitted	hacer el ingreso
to be discharged	recibir el alta
out-patient	el paciente ambulante
in-patient	el paciente hospitalizado
visiting hours	las horas de visita
children's ward	la planta infantil
neurology	la neurología
oncology	la oncología
orthopedics	la traumatología y ortopedia
cardiology	la cardiología
gastroenterology	la gastroenterología
gynecology	la ginecología
ear nose and throat department	la unidad de otorrinolaringología
quarantine	la cuarentena

emergency call button
el botón de alarma

ward
la planta

IN THE HOSPITAL – **EN EL HOSPITAL**

operation
la operación

Surgery – La cirugía

operating room
el quirófano

recovery room
la sala de reanimación

surgical lighting
la lámpara quirúrgica

surgeon
el cirujano

surgical mask
la mascarilla

operating nurse
la auxiliar de quirófano

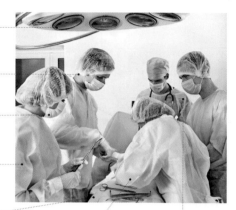

operating table
la mesa del quirófano

scrubs
la bata quirúrgica

anesthesiologist
el anestesista

surgical tools
los instrumentos
para operar

scar
la cicatriz

sutures
los puntos

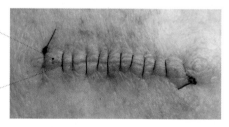

local anesthesia	la anestesia local
general anesthesia	la anestesia total
rehab	la rehabilitación
post-operative care	la atención médica de seguimiento
bed rest	el reposo en cama
convalescence	la convalecencia
dead	muerto, -a
death	la muerte

IN THE HOSPITAL – **EN EL HOSPITAL**

Emergency – Emergencia

intensive care unit
la unidad de cuidados
intensivos

emergency room
las urgencias

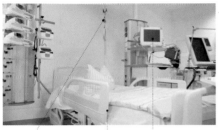

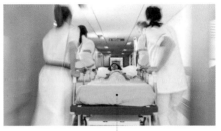

call button
el botón de llamada

cardiac monitor
el monitor cardíaco

gurney
la camilla

hospital bed
la cama

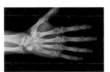

X-ray machine
la máquina de rayos X

X-ray
la radiografía

waiting room
la sala de espera

attending physician
la médico/-a jefe

CT scan	la tomografía axial computarizada
radiation	la radiación
to *diagnose*	hacer un diagnóstico
coma	el coma
unconscious	inconsciente
ventilation	la respiración (asistida)
to *regain consciousness*	recuperar la consciencia
to *recuperate*	recobrar la salud

MRI scan
la (tomografía por)
resonancia magnética

THE PHARMACY –
LA FARMACIA

medication
el medicamento

capsule
la cápsula

cough syrup
el jarabe para la tos

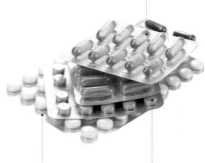

blister pack
el blíster

tablet
la pastilla

dosage
la dosis

measuring cup
el vaso medidor

suppository
el supositorio

ointment
la pomada

syringe
la jeringa

pharmacist
la farmacéutica

drops
las gotas

spray
el espray

vitamin pill
la pastilla de vitaminas

effervescent tablet
la pastilla efervescente

THE PHARMACY –
LA FARMACIA

nutritional supplement
el complemento
alimenticio

sunscreen
la protección solar

insect repellent
el espray insecticida

thermometer
el termómetro

nail file
la lima de uñas

tampon
el tampón

panty liner
el protegeslip

wet wipe
la toallita húmeda

lip balm
el bálsamo labial

tweezers
la(s) pinza(s)

deodorant
el desodorante

throat lozenge
la pastilla para la tos

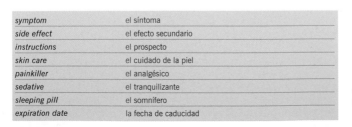

symptom	el síntoma
side effect	el efecto secundario
instructions	el prospecto
skin care	el cuidado de la piel
painkiller	el analgésico
sedative	el tranquilizante
sleeping pill	el somnífero
expiration date	la fecha de caducidad

ear plugs
el tapón para los oídos

ALTERNATIVE MEDICINE –
LA MEDICINA ALTERNATIVA

meditation
la meditación

yoga
el yoga

tai chi
el tai-chi

ayurveda
el ayurveda

osteopathy
la osteopatía

reiki
el reiki

massage
el masaje

hypnosis
la hipnosis

*traditional Chinese
medicine*
la medicina tradicional
china

reflexology massage
el masaje de reflexología
podal

homeopathic remedy
el remedio homeopático

herbal medicine
la herbología

acupuncture
la acupuntura

course of treatment	la cura
palliative care	la medicina paliativa
relaxation	la relajación
detoxification	la detoxificación
detoxification program	la cura de desintoxicación
to be in detox	estar desintoxicándose
therapy	la terapia
light therapy	la fototerapia

WELLNESS – BIENESTAR

facial
el tratamiento facial

beautician
la esteticista

face mask
la mascarilla facial

sauna
la sauna

heating stove
la estufa

bench
el banco

head rest
el cabezal

infusion bucket
el balde

lounge room
la sala de relax

spa
el baño mineral

manicure
la manicura

pedicure
la pedicura

waxing	la depilación a la cera
steam room	el baño turco
herbal preparation	la humidificación
peeling	la exfoliación
complexion	la tez
to *cleanse*	limpiar
I have sensitive/dry skin.	Tengo la piel sensible/seca.
I have oily/normal skin.	Tengo la piel grasa/normal.

solarium
el solárium

EMERGENCIES

EMERGENCIAS

FIRST AID –
PRIMEROS AUXILIOS

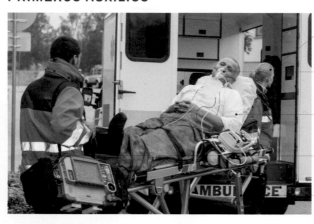

ambulance
la ambulancia

ambulance driver
conductor de la ambulancia

oxygen mask
la mascarilla de oxígeno

accident victim
la víctima (del accidente)

paramedic
el paramédico

stretcher
la camilla

mouth-to-mouth resuscitation
la respiración boca a boca

pulse measurement
tomar el pulso

recovery position
la posición lateral de seguridad

accident scene
el lugar del accidente

ambulance service
el servicio de emergencia

defibrillator
el desfibrilador

accident	el accidente
resuscitation	la reanimación
cardiac massage	el masaje cardíaco
pulse	el pulso
unconscious	inconsciente
to *apply first aid*	prestar primeros auxilios
emergency doctor	el médico de urgencia
nurse	el/la enfermero(a)

FIRST AID –
PRIMEROS AUXILIOS

dressing material
los vendajes y apósitos

bandage
el vendaje

medical tape
el esparadrapo

adhesive bandage
el apósito adhesivo

bandage scissors
la(s) tijera(s)

first-aid kit
el botiquín de
primeros auxilios

first-aid course
el cursillo de
primeros auxilios

disinfectant
el desinfectante

elastic bandage
la venda

sterile	aséptico, -a
to survive	sobrevivir
traumatized	traumatizado, -a
to be in shock	estar en estado de choque
shock	el shock
blood donation	la donación de sangre
organ donation	la donación de órganos
adrenaline	la adrenalina

gauze bandage
la gasa

THE POLICE – LA POLICÍA

duty belt
el cinturón de servicio

walkie-talkie
el walkie-talkie

gun
la pistola

baton
la porra

handcuffs
las esposas

uniform
el uniforme

finger print
la huella dactilar

crime scene
el lugar de los hechos

police officer
la (agente de) policía

rookie
el (agente de) policía
nuevo

badge
la placa de policía

witness	el testigo
testimony	la declaración
criminal	el delincuente
illegal	ilegal
criminal detective	el detective criminal
correctional officer	el funcionario de prisiones
suspect	el, la sospechoso, -a
investigation	la investigación

THE POLICE –
LA POLICÍA

police car
el automóvil de policía

light bar
el puente de luces

police siren
la sirena

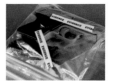

piece of evidence
el objeto probatorio

jail
la cárcel

break-in
el asalto con
allanamiento

theft
el robo

arrest
la detención

violence
la violencia

mugging
el atraco

pickpocketing
el hurto de cartera

abduction
el secuestro

criminal offense	el delito
bodily harm	la agresión con lesiones
rape	la violación
murder	el asesinato
assault	el asalto
to *escape*	escapar
to *molest*	molestar, acosar
guilty	culpable

POLICE LINE DO NOT C

POLICE LINE DO NOT CI

barricade tape
la cinta de
acordonamiento policial

THE FIRE DEPARTMENT –
EL CUERPO DE BOMBEROS

fire extinguisher
el extintor

firefighter
el bombero

visor
la visera

fire helmet
el casco de bombero

turnout coat
la parka de intervención

reflective stripe
la tira reflectante

fire hose
la manguera de incendios

hydrant
la boca de incendio

firefighting
la lucha contra
incendios

emergency exit
la salida de emergencia

ax
el hacha

smoke detector
el detector de humo

fire station
la estación de bomberos

fire engine
el camión bomba

IN THE MOUNTAINS – EN LA MONTAÑA

helmet
el casco

mountain rescue service
el rescate y la
intervención en montaña

rescue mission
la operación de rescate

snap link
el mosquetón

rope
la cuerda

rescue worker
el miembro de la unidad
de rescate

rescue sled
el trineo de rescate

snowmobile
el motonieve

safety net
la red de protección

avalanche
el alud

avalanche transceiver
el detector LVS

rescue dog
el perro de búsqueda
y rescate

rescue helicopter
el helicóptero de
rescate

avalanche protection
la protección contra
aludes

avalanche warning sign
la señal de advertencia
de aludes

AT SEA – **EN EL MAR**

life vest
el chaleco salvavidas

life preserver
el (flotador) salvavidas

assembly point sign
cartel de punto
de encuentro

storm
la tormenta

life buoy
la boya salvavidas

lifeguard
el socorrista

watchtower
la torre de vigilancia

tsunami
el (t)sunami

coastguard boat
la lancha de la
guardacostas

life boat
el bote salvavidas

to *capsize*
zozobrar

shipwreck
el naufragio

missing person	el, la desaparecido, -a
rescue rope	la cuerda de rescate
weather conditions	las condiciones climáticas
shipping forecast	la predicción marítima
search	la búsqueda
to *drown*	ahogarse
accident at sea	la avería (náutica)
to *be in distress at sea*	encontrarse en emergencia marítima

OTHER EMERGENCIES –
OTRAS SITUACIONES DE EMERGENCIA

explosion
la explosión

epidemic
la epidemia

evacuation
la evacuación

bomb alert
la alarma de bomba

nuclear disaster
la catástrofe nuclear

emergency landing
el aterrizaje forzoso

terrorist attack
el atentado terrorista

to rescue
salvar, rescatar

emergency number
el número (de teléfono)
de emergencia

surveillance camera
la cámara de vigilancia

injured person
el herido

injury
la herida

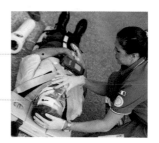

missing person	el, la desaparecido, -a
search party	el equipo de rastreo
danger	el peligro
Help!	¡Socorro!
There's been an accident!	¡Ha ocurrido un accidente!
Call an ambulance!	¡Llame una ambulancia!
Call the police!	¡Llame a la policía!
Call the fire department!	¡Llame a los bomberos!

Danger beware!
¡Atención!

EARTH AND NATURE

TIERRA Y NATURALEZA

SPACE –
EL COSMOS

solar system
el sistema solar

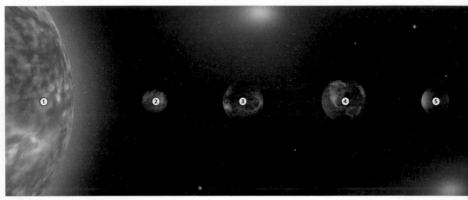

① *sun*
el Sol

② *Mercury*
(el) Mercurio

③ *Venus*
(el) Venus

④ *Earth*
la Tierra

⑤ *Mars*
(el) Marte

lunar phases
las fases lunares

⑤ *crescent*
la media luna

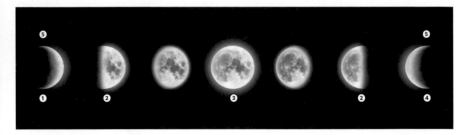

① *waxing moon*
la luna creciente

② *half moon*
la media luna

③ *full moon*
la luna llena

④ *waning moon*
la luna menguante

SPACE –
EL COSMOS

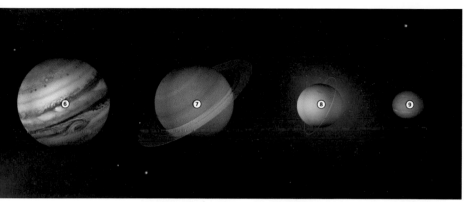

⑥ *Jupiter*
(el) Júpiter

⑦ *Saturn*
(el) Saturno

⑧ *Uranus*
(el) Urano

⑨ *Neptune*
(el) Neptuno

spaceship
la nave espacial

① *external fuel tank*
el tanque exterior

② *booster*
el motor principal

③ *orbiter*
el orbitador

SPACE –
EL COSMOS

solar eclipse
el eclipse de sol

galaxy
la galaxia

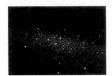

Milky Way
la Vía Láctea

comet
el cometa

asteroid
el asteroide

planet
el planeta

meteor
el meteoro

universe
el universo

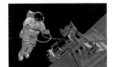

astronaut
el astronauta

satellite
el satélite

observatory
el observatorio astronómico

radio telescope
el radiotelescopio

nebula
la nebulosa

black hole	el agujero negro
gravity	la fuerza de la gravedad
orbit	la órbita
light year	el año luz
big bang	el big bang
star	la estrella
space station	la estación espacial
astronomy	la astronomía

PLANET EARTH – LA TIERRA

① *North Pole*
el Polo Norte

② *inland sea*
el mar interior

③ *peninsula*
la península

④ *strait*
el estrecho

⑤ *gulf*
el golfo

⑥ *continent*
el continente

⑦ *sea*
el mar

⑧ *land*
la tierra

⑨ *mountain range*
la cordillera

| ⑩ *South Pole* | ⑪ *lake* | ⑫ *island* | ⑬ *bay* |
| el Polo Sur | el lago | la isla | la bahía |

atmosphere	la atmósfera
mantle	el manto terrestre
earth's crust	la corteza terrestre
inner core	el núcleo terrestre interno
outer core	el núcleo terrestre externo
plate	la placa
bedrock	la roca primitiva
soil	la Tierra

WORLD MAP –
EL MAPAMUNDI

① *Arctic Ocean*
el océano Ártico

⑥ *Pacific Ocean*
el océano Pacífico

⑦ *Atlantic Ocean*
el océano Atlántico

⑧ *Indian Ocean*
el océano Índico

⑨ *Arabian Sea*
el mar Arábigo

⑩ *Caribbean Sea*
el mar Caribe

⑪ *Mediterranean Sea*
el mar Mediterráneo

⑫ *North Sea*
el mar del Norte

⑬ *Baltic Sea*
el mar Báltico

⑭ *Caspian Sea*
el mar Caspio

⑮ *Black Sea*
el mar Negro

⑯ *English Channel*
el canal de la Mancha

⑰ *Red Sea*
el mar Rojo

⑱ *Antarctic Ocean*
el océano glacial
Antártico

② *Himalayas*
el Himalaya

③ *Alps*
los Alpes

④ *Andes*
los Andes

⑤ *Rocky Mountains*
las Montañas Rocosas

⑲ *Great Barrier Reef*
la Gran Barrera de Coral

⑳ *Amazon Basin*
la Amazonia

㉑ *Sahara*
el Sahara

WORLD MAP – **EL MAPAMUNDI**

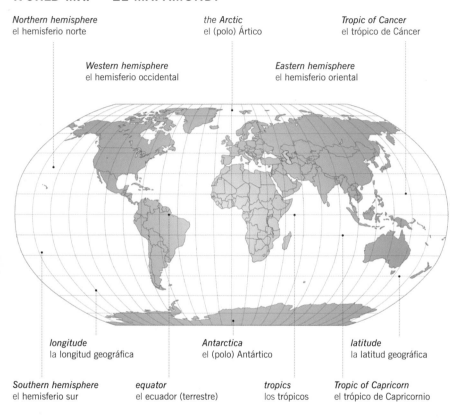

Northern hemisphere
el hemisferio norte

the Arctic
el (polo) Ártico

Tropic of Cancer
el trópico de Cáncer

Western hemisphere
el hemisferio occidental

Eastern hemisphere
el hemisferio oriental

longitude
la longitud geográfica

Antarctica
el (polo) Antártico

latitude
la latitud geográfica

Southern hemisphere
el hemisferio sur

equator
el ecuador (terrestre)

tropics
los trópicos

Tropic of Capricorn
el trópico de Capricornio

Arctic Circle	el círculo polar ártico	*republic*	la república
Antarctic Circle	el círculo polar antártico	*colony*	la colonia
country	el país	*province*	la provincia
state	el estado	*zone*	la zona
nation	la nación	*region*	la región
territory	el territorio	*capital*	la capital
principality	el principado		
kingdom	el reino		

U.N. MEMBER STATES – ESTADOS MIEMBROS DE LAS N.U.

Europe – Europa

Albania
Albania

Andorra
Andorra

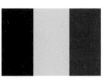

Belgium
Bélgica

Bosnia-Herzegovina
Bosnia-Herzegovina

Bulgaria
Bulgaria

Denmark
Dinamarca

Germany
Alemania

*Former Yugoslav republic
of Macedonia*
Antigua República Yugoslava
de Macedonia

Estonia
Estonia

Finland
Finlandia

France
Francia

Greece
Grecia

Ireland
Irlanda

Iceland
Islandia

Italy
Italia

Croatia
Croacia

U.N. MEMBER STATES – **ESTADOS MIEMBROS DE LAS N.U.**

Europe – Europa

Latvia
Letonia

Liechtenstein
Liechtenstein

Lithuania
Lituania

Luxembourg
Luxemburgo

Malta
Malta

Moldova
Moldavia

Monaco
Mónaco

Montenegro
Montenegro

the *Netherlands*
los Países Bajos

Norway
Noruega

Austria
Austria

Poland
Polonia

Portugal
Portugal

Romania
Rumanía

Russia
Rusia

San Marino
San Marino

U.N. MEMBER STATES – ESTADOS MIEMBROS DE LAS N.U.

Europe – Europa

Sweden
Suecia

Switzerland
Suiza

Serbia
Serbia

Slovakia
Eslovaquia

Slovenia
Eslovenia

Spain
España

the Czech Republic
República Checa

Turkey
Turquía

the Ukraine
Ucrania

Hungary
Hungría

the United Kingdom
el Reino Unido

Belarus
Bielorusia

Cyprus
Chipre

U.N. MEMBER STATES – ESTADOS MIEMBROS DE LAS N.U.

North and Central America – América Central y del Norte

Antigua and Barbuda
Antigua y Barbuda

the Bahamas
las Bahamas

Barbados
Barbados

Belize
Belice

Costa Rica
Costa Rica

Dominica
Dominica

the Dominican Republic
la República
Dominicana

El Salvador
El Salvador

Grenada
Granada

Guatemala
Guatemala

Haiti
Haití

Honduras
Honduras

Jamaica
Jamaica

Canada
Canadá

Cuba
Cuba

Mexico
México

U.N. MEMBER STATES – ESTADOS MIEMBROS DE LAS N.U.

North and Central America – América Central y del Norte

Nicaragua
Nicaragua

Panama
Panamá

St. Kitts & Nevis
San Cristóbal y Nieves

St. Lucia
Santa Lucía

St. Vincent and the Grenadines
San Vicente y las Granadinas

Trinidad and Tobago
Trinidad y Tobago

the United States
los Estados Unidos

South America – América del Sur

Argentina
Argentina

Bolivia
Bolivia

Brazil
Brasil

Chile
Chile

Ecuador
Ecuador

Guyana
Guayana

Colombia
Colombia

Paraguay
Paraguay

U.N. MEMBER STATES – ESTADOS MIEMBROS DE LAS N.U.

South America – América del Sur

Peru
Perú

Suriname
Surinam

Uruguay
Uruguay

Venezuela
Venezuela

Africa – África

Egypt
Egipto

Algeria
Argelia

Angola
Angola

Equatorial Guinea
Guinea Ecuatorial

Ethiopia
Etiopía

Benin
Benín

Botswana
Botsuana

Burkina Faso
Burkina Faso

Burundi
Burundi

the **Democratic Republic of the Congo**
República Democrática del Congo

Djibouti
Yibuti

the **Ivory Coast**
la Costa de Marfil

U.N. MEMBER STATES – ESTADOS MIEMBROS DE LAS N.U.

Africa – África

Eritrea
Eritrea

Gabon
Gabón

Gambia
Gambia

Ghana
Ghana

Guinea
Guinea

Guinea-Bissau
Guinea-Bissau

Cameroon
Camerún

Cape Verde
Cabo Verde

Kenya
Kenia

the Comoros
las Comoras

Lesotho
Lesoto

Liberia
Liberia

Libya
Libia

Madagascar
Magadascar

Malawi
Malaui

Mali
Mali

U.N. MEMBER STATES – ESTADOS MIEMBROS DE LAS N.U.

Africa – África

Mauritania
Mauritania

Mauritius
Mauricio

Morocco
Marruecos

Mozambique
Mozambique

Namibia
Namibia

Niger
Níger

Nigeria
Nigeria

the *Republic of the Congo*
República del Congo

Rwanda
Ruanda

Zambia
Zambia

Sao Tome and Principe
Santo Tomé y Príncipe

Senegal
(el) Senegal

the *Seychelles*
las Seychelles

Sierra Leone
Sierra Leona

Zimbabwe
Zimbabue

Somalia
Somalia

U.N. MEMBER STATES – **ESTADOS MIEMBROS DE LAS N.U.**

Africa – África

South Africa
Sudáfrica

Sudan
(el) Sudán

the *Republic of South Sudan*
Sudán del Sur

Swaziland
Suazilandia

Tanzania
Tanzania

Togo
Togo

Chad
el Chad

Tunisia
Túnez

Uganda
Uganda

the *Central African Republic*
(la) República Centroafricana

Asia – Asia

Afghanistan
Afganistán

Armenia
Armenia

Azerbaijan
Azerbaiyán

Bahrain
Baréin

U.N. MEMBER STATES – **ESTADOS MIEMBROS DE LAS N.U.**

Asia – Asia

Bangladesh
Bangladés

Bhutan
Bután

Brunei
Brunéi

China
China

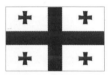

Georgia
Georgia

India
India

Indonesia
Indonesia

Iraq
(el) Irak

Iran
(el) Irán

Israel
Israel

Japan
Japón

Yemen
el Yemen

Jordan
Jordania

Cambodia
Camboya

Kazakhstan
Kazajistán

Kyrgyzstan
Kirguistán

U.N. MEMBER STATES – **ESTADOS MIEMBROS DE LAS N.U.**

Asia – Asia

Kuwait
Kuwait

Laos
Laos

Lebanon
(el) Líbano

Qatar
Catar

Malaysia
Malasia

the Maldives
las Maldivas

Mongolia
Mongolia

Myanmar
Myanmar

Nepal
Nepal

North Korea
Corea del Norte

Oman
Omán

East Timor
Timor Oriental

Pakistan
Pakistán

Saudi Arabia
Arabia Saudí

Singapore
Singapur

Sri Lanka
Sri Lanka

U.N. MEMBER STATES – **ESTADOS MIEMBROS DE LAS N.U.**

Asia – Asia

South Korea
Corea del Sur

Syria
Siria

Tajikistan
Tayikistán

Thailand
Tailandia

Turkmenistan
Turkmenistán

Uzbekistan
Uzbekistán

United Arab Emirates
los Emiratos Árabes
Unidos

Vietnam
Vietnam

Oceania – Oceanía

Australia
Australia

Fiji
Fiyi

Kiribati
Kiribati

Marshall Islands
las Islas Marshall

*Federated States of
Micronesia*
los Estados Federados
de Micronesia

Nauru
Nauru

New Zealand
Nueva Zelanda

Palau
Palaos

U.N. MEMBER STATES – ESTADOS MIEMBROS DE LAS N.U.

Oceania – Oceanía

Papua New Guinea
Papúa Nueva Guinea

the *Philippines*
las Filipinas

the *Solomon Islands*
las Islas Salomón

Samoa
Samoa

Tonga
Tonga

Tuvalu
Tuvalu

Vanuatu
Vanuatu

*International
organizations* –
Organizaciones
internacionales

the *European Union (EU)*
la Unión Europea (UE)

the *United Nations (U.N.)*
Naciones Unidas (N.U.)

*North Atlantic Treaty
Organization (NATO)*
la Órganización del Tratado del
Atlántico Norte (OTAN)

the *African Union*
la Unión Africana

the *Arab League*
la Liga Árabe

UNESCO
la Unesco

the *Commonwealth*
la Commonwealth

THE WEATHER –
LA METEOROLOGÍA

sunny
soleado, -a

cloudy
nublado, -a

foggy
nebuloso, -a

windy
ventoso, -a

hot
caluroso, -a

warm
cálido, -a

cold
frío, -a

overcast
encapotado, -a

icy
helado, -a

snowy
nevado, -a

rainy
lluvioso, -a

stormy
tormentoso, -a

humid
húmedo, -a

temperature	la temperatura
degree	el grado
Celsius	centígrado(s)
Fahrenheit	Fahrenheit
weather forecast	la previsión del tiempo
What's the weather like?	¿Qué tiempo hace?
It's nice/wet/cold and damp.	Hace bueno./Está nublado/frío y húmedo.
It's raining/snowing.	Llueve./Nieva.

THE WEATHER – LA METEOROLOGÍA

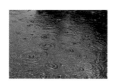

rain
la lluvia

rainbow
el arcoíris

sunshine
la luz del sol

wind
el viento

thunderstorm
la tormenta

thunder
el trueno

lightning
el rayo

hail
el granizo

hoarfrost
la escarcha

snow
la nieve

frost
la helada

ice
el hielo

breeze	la brisa
wind speed	la velocidad del viento
pollen count	la concentración de polen en el aire
UV rays	las radiaciones ultravioleta
ozone	el ozono
ozone layer	la capa de ozono
stratosphere	la estratosfera
troposphere	la troposfera

smog
el smog

THE WEATHER – LA METEOROLOGÍA

Natural disasters – Catástrofes naturales

drought
la sequía

hurricane
el huracán

tornado
el tornado

monsoon
el monzón

flood
la inundación

earthquake
el terremoto

volcanic eruption
la erupción volcánica

tsunami
el (t)sunami

landslide
el desprendimiento
de tierras

forest fire
el incendio en el bosque

heat wave
la ola de calor

storm
la tormenta

avalanche
la avalancha

snowstorm
la tormenta de nieve

tropical storm
el ciclón (tropical)

pandemic
la pandemia

THE LANDSCAPE –
EL PAISAJE

river
el río

mountain	*peak*	*mountain range*	*forest*
la montaña	la cima	la sierra	el bosque

mountain slope   *lake*   *rock*   *valley*
la ladera   el lago   el peñasco   el valle

estuary
la desembocadura
del río

glacier
el glaciar

waterfall
la catarata

cave   *cliff*   *coast*
la cueva   el acantilado   la costa

THE LANDSCAPE –
EL PAISAJE

plateau
el altiplano

hill
la colina

plain
la llanura

gorge
el desfiladero

desert
el desierto

meadow
el prado

wetland
el humedal

moor
el brezal

grassland
la pradera

geyser
el géiser

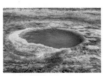

thermal spring
las aguas termales

volcano
el volcán

bay
la bahía

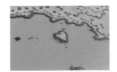

coral reef
el arrecife de coral

island
la isla

mountain stream
el arroyo de montaña

ROCKS AND MINERALS –
PIEDRAS Y MINERALES

iron ore
la mena de hierro

sandstone
la arenisca

asphalt
el asfalto

granite
el granito

limestone
la piedra caliza

chalk
la creta

coal
el carbón

slate
la pizarra

marble
el mármol

sulphur
el azufre

graphite
el grafito

gold
el oro

silver
la plata

copper
el cobre

mercury
el mercurio

bauxite
la bauxita

ROCKS AND MINERALS – PIEDRAS Y MINERALES

Precious and semi-precious stones – Piedras preciosas y semipreciosas

ruby
el rubí

aquamarine
la aguamarina

jade
el jade

emerald
la esmeralda

sapphire
el zafiro

amethyst
la amatista

quartz
el cuarzo

diamond
el diamante

tourmaline
la turmalina

topaz
el topacio

garnet
el granate

tiger's eye
el ojo de tigre

opal
el ópalo

amber
el ámbar

turquoise
la turquesa

rose quartz
el cuarzo rosado

onyx
el ónice

pearl
la perla

lapis lazuli
el lapislázuli

citrine
el cuarzo citrino

PLANTS – **PLANTAS**

Trees – Árboles

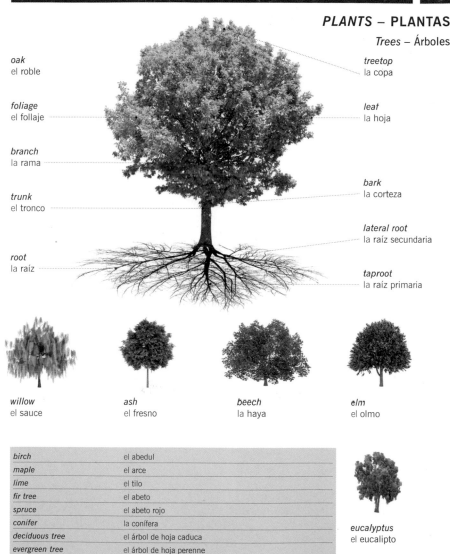

oak
el roble

foliage
el follaje

branch
la rama

trunk
el tronco

root
la raíz

treetop
la copa

leat
la hoja

bark
la corteza

lateral root
la raíz secundaria

taproot
la raíz primaria

willow
el sauce

ash
el fresno

beech
la haya

elm
el olmo

birch	el abedul
maple	el arce
lime	el tilo
fir tree	el abeto
spruce	el abeto rojo
conifer	la conífera
deciduous tree	el árbol de hoja caduca
evergreen tree	el árbol de hoja perenne

eucalyptus
el eucalipto

PLANTS – **PLANTAS**

Wild flowers – Plantas silvestres

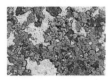

lichen
el liquen

moss
el moho

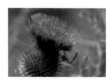

thistle
el cardo

mushroom
la seta

stinging nettle
la ortiga

foxglove
la dedalera

hogweed
el acanto

dandelion
el diente de león

daisy
la margarita silvestre

heather
el brezo

bluebell
el jacinto silvestre

clover
el trébol

camomile
la camomila común

lily of the valley
el lirio de los valles

dandelion blowball
los vilanos de diente
de leon

buttercup
el botón de oro

PLANTS – **PLANTAS**

Ornamental flowers – Flores para adornar

rose
la rosa

petal
el pétalo

flower
la flor

stalk
el tallo secundario

stem
el tallo

bud
el capullo

thorn
la espina

leaf
la hoja

snowdrop
la campanilla
de invierno

crocus
el croco

water lily
el nenúfar

lavender
la lavanda

lilac	la lila
rhododendron	el rododendro
to flower	florecer
to be scented	oler
to wilt	marchitarse
to sprout	brotar
spring flower	la flor primaveral
nocturnal plant	la flor nocturna

petunia
la petunia

PLANTS – **PLANTAS**

Ornamental flowers – Flores para adornar

carnation
el clavel

primrose
la prímula

gerbera
la gerbera

tulip
el tulipán

daffodil
el narciso

iris
el iris

chrysanthemum
el crisantemo

hyacinth
el jacinto

marigold
la caléndula

pansy
el pensamiento

orchid
la orquídea

rose bush
el rosal

lily
la azucena

sunflower
el girasol

geranium
el geranio

hydrangea
la hortensia

PLANTS – **PLANTAS**

Garden plants – Plantas de jardín

ivy
la hiedra

fruit tree
el árbol frutal

blossom
la trama

shoot
el brote

topiary
la poda ornamental

weed
la mala hierba

to flower
florecer

to wilt
marchitarse

palm tree
la palmera

lawn
el césped

wildflower meadow
el prado de flores

poppy
la amapola

climber
la planta trepadora

annual
anual

biennial
bianual

perennial
plurianual

ANIMALS – **ANIMALES**

Mammals – Mamíferos

rat
la rata

mole
el topo

cat
el gato

dog
el perro

rabbit
el conejo

guinea pig
el conejillo de Indias

mouse
el ratón

hamster
el hámster

bat
el murciélago

squirrel
la ardilla

hedgehog
el erizo

ferret
el hurón

to give paw
dar la pata

whiskers	los bigotes
fur	el pelo
mouth	el hocico
tail	la cola
horn	el cuerno
claw	la garra
paw	la pata
hoof	la pezuña

ANIMALS – ANIMALES

Mammals – Mamíferos

cheetah
el guepardo

puma
el puma

wolf
el lobo

raccoon
el mapache

skunk
la mofeta

meerkat
el suricato

leopard
el leopardo

badger
el tejón

fox
el zorro

jaguar
el jaguar

lion
el león

tiger
el tigre

bear
el oso

polar bear
el oso polar

koala
el koala

panda
el oso panda

ANIMALS – **ANIMALES**

Mammals – Mamíferos

pig
el cerdo

goat
la cabra

horse
el caballo

giraffe
la jirafa

sheep
la oveja

llama
la llama

donkey
el burro

deer
el corzo

reindeer
el reno

camel
el camello

cow
la vaca

bull
el toro

hippopotamus
el hipopótamo

rhinoceros
el rinoceronte

elephant
el elefante

zebra
la cebra

ANIMALS – ANIMALS

Mammals – Mamíferos

walrus
la morsa

sea lion
el león marino

seal
la foca

dolphin
el delfín

killer whale
la orca

otter
la nutria

river rat
el coipo

gorilla
el gorila

orangutan
el orangután

gibbon
el gibón

baboon
el babuino

chimpanzee
el chimpancé

sloth
el perezoso

anteater
el oso hormiguero

kangaroo
el canguro

cub
el cachorro

ANIMALS – ANIMALES

Birds – Pájaros

woodpecker
el pájaro carpintero

sparrow
el gorrión

hummingbird
el colibrí

toucan
el tucán

robin
el petirrojo

swallow
la golondrina

hawk
el azor

pigeon
la paloma

raven
el cuervo

crow
la corneja

finch
el pinzón

seagull
la gaviota

canary
el canario

bill	el pico
chick	el polluelo
wing	el ala
claw	la garra
feather	la pluma
plumage	el plumaje
to chirp	trinar
to flutter	revolotear

ANIMALS – **ANIMALES**

Birds – Pájaros

stork
la cigüeña

flamingo
el flamenco

ostrich
el avestruz

eagle
el águila

penguin
el pingüino

cockatoo
la cacatúa

parrot
el papagayo

owl
la lechuza

turkey
el pavo

swan
el cisne

goose
el ganso

duck
el pato

rooster
el gallo

chicken
la gallina

quail
la codorniz

peacock
el pavo real

ANIMALS – **ANIMALES**

Reptiles and amphibians – Reptiles y anfibios

snake
la serpiente

crocodile
el cocodrilo

alligator
el caimán

lizard
el lagarto

chameleon
el camaleón

iguana
la iguana

tortoise
la tortuga

sea turtle
la tortuga de agua

frog
la rana

toad
el sapo

tadpole
el renacuajo

salamander
la salamandra

gecko
la salamanquesa

shell	el caparazón
scales	las escamas
venom	el veneno
venomous fang	el colmillo venenoso
cold-blooded animal	el animal de sangre fría
to *slither*	reptar
to *hiss*	silbar
to *croak*	croar

ANIMALS – ANIMALS

Fish – Peces

blowfish
el pez globo

garfish
el pez aguja

piranha
la piraña

flying fish
el pez volador

sailfish
el pez vela

stingray
la raya

great white shark
el tiburón blanco

tiger shark
el tiburón tigre

goldfish
el carpín dorado

koi
el koi

eel
la anguila

catfish
el siluro

school of fish	el vilanos de diente de leon
fin	la aleta
gills	las branquias
deep-sea animal	el pez de aguas abisales
roe	las huevas
freshwater fish	el pez de agua dulce
seafish	el pez marino
aquarium	el acuario

sea horse
el caballito de mar

ANIMALS – ANIMALES

Insects and spiders – Insectos y arañas

butterfly
la mariposa

caterpillar
la oruga

chrysalis
la crisálida

moth
la mariposa nocturna

bee
la abeja

bumblebee
el abejorro

wasp
la avispa

hornet
el avispón

fly
la mosca

mosquito
el mosquito

cicada
la cigarra

May bug
el escarabajo sanjuanero

dragonfly
la libélula

praying mantis
la mantis religiosa

grasshopper
el saltamontes

cricket
el grillo

ANIMALS – ANIMALES

Insects and spiders – Insectos y arañas

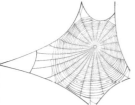

cobweb
la tela de araña

spider
la araña

flea
la pulga

woodlouse
la cochinilla

stink bug
el insecto palo

ladybug
la mariquita

cockroach
la cucaracha

water strider
el tejedor

centipede
el ciempiés

slug
la babosa

snail
el caracol

worm
el gusano

termite
la termita

ant
la hormiga

tick
la garrapata

scorpion
el escorpión

NUMBERS AND MEASUREMENTS

NÚMEROS Y MEDIDAS

NUMBERS – **LOS NÚMEROS**

Cardinal numbers – Los números cardinales

zero
cero

one
uno (-a)

two
dos

three
tres

four
cuatro

five
cinco

six
seis

eleven	once
twelve	doce
thirteen	trece
fourteen	catorce
fifteen	quince
sixteen	dieciséis
seventeen	diecisiete
eighteen	dieciocho
nineteen	diecinueve
twenty	veinte
twenty-one	veintiuno (-a)
twenty-two	veintidós
twenty-three	veintitrés
thirty	treinta
forty	cuarenta
fifty	cincuenta
sixty	sesenta
seventy	setenta
eighty	ochenta
ninety	noventa
a hundred	cien

seven
siete

eight
ocho

nine
nueve

ten
diez

NUMBERS – LOS NÚMEROS
Cardinal numbers – Los números cardinales

two hundred and twenty-two	doscientos (-as) veintidós
a thousand	mil
ten thousand	diez mil
twenty thousand	veintidós mil
fifty thousand	cincuenta mil
fifty-five thousand	cincuenta y cinco mil
a hundred thousand	cien mil
a million	un millón
a billion	mil millones
a trillion	un billón

Ordinal numbers – Los números ordinales

first	primero/-a
second	segundo/-a
third	tercero/-a
fourth	cuarto/-a
fifth	quinto/-a
sixth	sexto/-a
seventh	séptimo/-a
eighth	octavo/-a
ninth	noveno/-a
tenth	décimo/-a
eleventh	undécimo/-a
twelfth	duodécimo/-a
thirteenth	decimotercero/-a
fourteenth	decimocuarto/-a
fifteenth	decimoquinto/-a
sixteenth	decimosexto/-a
seventeenth	decimoséptimo/-a
eighteenth	decimoctavo/-a
nineteenth	decimonoveno/-a
twentieth	vigésimo/-a
twenty-first	vigesimoprimero/-a
twenty-second	vigesimosegundo/-a

NUMBERS – LOS NÚMEROS

Ordinal numbers – Los números ordinales

thirtieth	trigésimo/-a
fortieth	cuadragésimo/-a
fiftieth	quincuagésimo/-a
sixtieth	sexagésimo/-a
seventieth	septuagésimo/-a
eightieth	octogésimo/-a
ninetieth	nonagésimo/-a
one hundredth	centésimo/-a
two hundredth	ducentésimo/-a
two hundred and twenty-fifth	ducentésimo/-a vigésimo/-a quinto/-a
three hundredth	tricentésimo/-a
one thousandth	milésimo/-a
ten thousandth	diezmilésimo/-a
millionth	millonésimo/-a
ten millionth	diezmillonésimo/-a
penultimate	penúltimo/-a
last	último/-a

Fractions – Fracciones

a half	un medio/una media
a third	un tercio
a quarter	un cuarto
a fifth	un quinto
an eighth	un octavo
three quarters	tres cuartos
two fifths	dos quintos
seven and a half	siete y medio
two seventeenths	dos decimoséptimas partes
five and three eighths	cinco y tres octavos

NUMBERS – **LOS NÚMEROS**

Numeric expressions – Expresiones númericas

one time	una vez		*a pair*	un par
two times	dos veces		*half a dozen*	media docena
three times	tres veces		*a dozen*	una docena
four times	cuatro veces		*the majority*	la mayoría
repeatedly	repetidas veces		*a few*	algunos/-as; unos/-as
sometimes	a veces		*few*	pocos/-as
never	nunca/jamás		*some*	algunos/-as
once	sencillo/-a		*quite a lot*	diversos/-as
double/twice	doble		*some*	más de uno/-a
threefold	triple		*many*	muchos/-as
quadruple	cuádruple		*both*	ambos/-as
fivefold	quíntuple		*all*	todos/-as
sixfold	séxtuple		*total*	total
numerous	múltiple		*every*	cada uno/-a

pocket calculator
la calculadora

square root
la raíz cuadrada

percent
el tanto por ciento

number
la cifra

decimal point
la coma

to divide
dividir

to multiply
multiplicar

to subtract
restar

to add
sumar

equals
es igual a

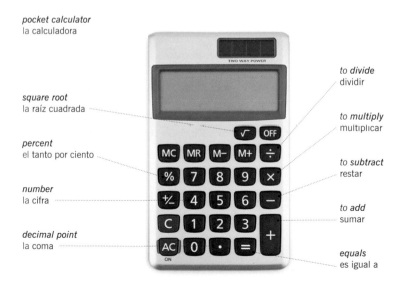

TIME – **EL TIEMPO**

The time of day – La hora

one a.m.
la una

two a.m.
las dos

three a.m.
las tres

four a.m.
las cuatro

five a.m.
las cinco

six a.m.
las seis

seven a.m.
las siete

eight a.m.
las ocho

nine a.m.
las nueve

ten a.m.
las diez

eleven a.m.
las once

twelve noon
las doce del mediodía

one p.m.
la una del mediodía

hour	la hora
minute	el minuto
half an hour	la media hora
second	el segundo
What time is it, please?	¿Qué hora es?
It's two o'clock.	Son las dos.
At what time?	¿A qué hora?
At seven o'clock.	A las siete.

TIME – **EL TIEMPO**

The time of day – La hora

two p.m.
las dos del mediodía

three p.m.
las tres del mediodía/
de la tarde

four p.m.
las cuatro de la tarde

five p.m.
las cinco de la tarde

six p.m.
las seis de la tarde

seven p.m.
las siete de la tarde

eight p.m.
las ocho de la tarde

nine p.m.
las nueve de la tarde

ten p.m.
las diez de la noche

eleven p.m.
las once de la noche

midnight
medianoche

five past twelve
las doce y cinco

half past ten	las diez y media
twenty to seven	las siete menos veinte
quarter to twelve	las doce menos cuarto
When?	¿Cuándo?
Ten minutes ago./In ten minutes.	Hace/en diez minutos.
Around noon.	Hacia el mediodía.
Since when?	¿Desde cuándo?
Since yesterday.	Desde ayer.

quarter past nine
las nueve y cuarto

TIME – **EL TIEMPO**

Day and night – Día y noche

midnight
la medianoche

dawn
el alba

sunrise
el amanecer

morning
la mañana

midday
el mediodía

afternoon
la tarde

sunset
la puesta de sol

dusk
el atardecer

evening
la tarde

spring
la primavera

summer
el verano

autumn
el otoño

winter
el invierno

today	hoy
tomorrow	mañana
the day after tomorrow	pasado mañana
yesterday	ayer
the day before yesterday	anteayer
What's today's date?	¿Cuál es la fecha de hoy?
September 9, 2014.	9 de septiembre de 2014.
public holiday	el día festivo

TIME – EL TIEMPO

The calendar – El calendario

Sunday
el domingo

Tuesday
el martes

Thursday
el jueves

month
el mes

Monday
el lunes

Wednesday
el miércoles

Friday
el viernes

Saturday
el sábado

weekday
el día de la semana

week
la semana

day
el día

weekend
el fin de semana

date
la fecha

year
el año

January	(el) enero	*July*	(el) julio
February	(el) febrero	*August*	(el) agosto
March	(el) marzo	*September*	(el) septiembre
April	(el) abril	*October*	(el) octubre
May	(el) mayo	*November*	(el) noviembre
June	(el) junio	*December*	(el) diciembre

MEASUREMENTS –
LAS MEDIDAS

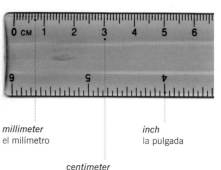

millimeter
el milímetro

inch
la pulgada

centimeter
el centímetro

liter
el litro

milliliter
el mililitro

ounce
la onza

pint
la pinta

kilometer
el kilómetro

mile
la milla

yard
la yarda

acre
el acre

cubic meter
el metro cúbico

foot	el pie
meter	el metro
square meter	el metro cuadrado
square foot	el pie cuadrado
square inch	la pulgada cuadrada
cup	la taza
tablespoon	la cucharada
teaspoon	la cucharilla

WEIGHT – EL PESO

ton
la tonelada

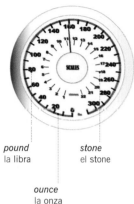

kilogram
el kilogramo

gram
el gramo

pound
la libra

stone
el stone

ounce
la onza

CURRENCY – LAS MONEDAS

dollar
el dólar

pound
la libra (esterlina)

euro
el euro

yen
el yen

baht	el baht (tailandés)	*rand*	el rand (sudafricano)
rupee	la rupia	*peso*	el peso
dinar	el dinar	*real*	el real
franc	el franco	*yuan*	el yuan
Swiss franc	el franco suizo	*lira*	la lira
krone	la corona	*ruble*	el rublo

ENGLISH INDEX – ÍNDICE *INGLÉS*

SPANISH INDEX – ÍNDICE ESPAÑOL

ENGLISH INDEX – ÍNDICE INGLÉS

folding table 122
foliage 319
follow-through 205
font 181
food allergy 103
food court 142
food processor 45
foot pedal 238
foot rest 112, 268
foot 252, 344
football 161, 200
footrest 116
for sale 38
forearm 253
forehand 22, 202
foresail 210
foreskin 260
forest fire 314
forest 315
fork 118
fork-lift 121
formal 30
Former Yugoslav republic of
    Macedonia 299
formula one 320
formula 263
fortieth 338
forty 336
forward an e-mail, to 182
forward bend 223
foul 195
foundation 35
fountain 150
four a.m. 340
four p.m. 341
four times 339
four 336
four-door 109
fourteen 336
fourteenth 337
fourth 337
fox 325
foxglove 320
foyer 41
fracture 269
fragile 191
frame 201, 249, 272
franc 345
France 299
fraternal twins 263
freckles 22
free kick 195
free running 221
free throw line 199
free TV 185
free-range 69
freestyle 208, 219
free-throw line 197
freezer bag 46
freezer 44
freight train 122
French horn 229
French toast 97
frequency 187
fresh fruit 96
fresh water fishing 217

fresh 71, 81
freshen up, to 55
freshly squeezed grapefruit
    juice 92
freshwater fish 331
Friday 343
fridge 44
fried egg 97
fried noodles 99
fried potatoes 100
friendly 25
friends 18
fries 99
frill 30
Frisbee® 221
frog 330
front brake lever 117
front door 40, 41
front page 188
front wheel 118
front 149
frontal muscle 256
frontal sinus 255
front-door key 38
front-loader 56
frost 313
frown, to 26
frozen foods 107
frozen yogurt 98
frozen 71
fructose 103
fruit pie 90
fruit salad 91
fruit tree 323
fruit yogurt 96
fruits and vegetables 145
fry, to 77, 95
frying pan 48
full board 137
full moon 292–293
full-time work 165
funeral 21
funnel 48, 128
fur 324
furious 26
furnished 40
furniture store 141
fuse box 62
fuse 62
fuselage 124
fusilli 87

G

Gabon 305
galaxy 294
gall bladder 258
gallon display 113
gallop 215
Gambia 305
game show 186
gap year 164
garage 39
garam masala 84
garbage can 135
garbage collector 167
garbage pail 44

garbage truck 120
garden bench 63
garden hose 64
garden path 63
garden pond 63
garden shed 63
garden wall 63
garden, to 234
gardener 150
gardening glove 64
gardens 150
garfish 331
garlic press 47
garlic 75
garnet 318
gas burner 248
gas cap 113
gas cylinder 248
gas gauge 114
gas pump hose 113
gas pump 113
gas tank 111, 117, 120
gasoline 113
gastroenterology 273
gate 126
gauze bandage 283
gear lever 118
gear shift 112
gear 118
gecko 330
gelatin 91
general anesthesia 274
general commercial
    partnership 170–171
general manager 170–171
generator 118
geography 156
Georgia 308
geranium 322
gerbera 322
Germany 299
get divorced, to 21
get engaged, to 21
get off, to 123
get on, to 123
get up, to 51
geyser 316
Ghana 305
gibbon 327
gift shop 141, 148
gills 331
gin and tonic 94
ginger 84
gingerbread 90
giraffe 326
girl 18
girlfriend 18
girth 214
give paw, to 324
give somebody a kiss, to 19
give somebody an injection,
    to 265
glacier 315
gland 258
glans 260
glass for recycling 44

glasses cloth 272
glasses 32, 272
glaucoma 272
glaze, to 95
gloss paint 235
glossy 243
glove compartment 112
glove 32
glucose 103
glue gun 59
glue 235
gluteal muscle 256
gluten-free flour 87
gluten-free 103
go for a walk, to 151
go to bed, to 51
go to sleep, to 51
go to the bathroom, to 53
goal area 194, 197
goal line 194
goal post 196
goal 195
goalkeeper line 197
goalkeeper 195
goalkeeper's glove 196
goat cheese 72
goat 326
goat's milk 73
godfather 18
godmother 18
goggles 209
gold 207, 317
goldfish 331
golf bag 205
golf ball 204
golf cart 205
golf clubs 205
golf course 204
golfer 205
gong 228
Good evening! 19
Good morning! 19
Goodbye! 19
goods 144
goose egg 72
goose 69, 329
gooseberry 79
gorge 316
Gorgonzola 72
gorilla 327
Gothic 149
gouache 235
Gouda 73
grade 154
grades 157
graduate, to 154, 163
graduation 21
graffiti 236
gram 345
grand piano 230
granddaughter 16–17
grandfather 16–17
grandmother 16–17
grandparents 16–17
grandson 16–17
granite 317

SPANISH INDEX – ÍNDICE ESPAÑOL

impermeable, el 28, 249
implante, el 271
importe, el 139
impresora de chorro de tinta,
    la 179
impresora láser, la 179
imprimir un archivo 180
incendio en el bosque, el 314
incisive (diente), el 270
inconsciente 275, 282
incubadora, la 263
India 308
indicación, la 123
indicaciones de seguridad,
    las 125
indicador (del nivel) de la
    gasolina, el 114
indicador de la temperatura,
    el 114
indicador de los litros, el 113
indicador de viraje, el 208
indicador del precio, el 113
índice, el 189, 254
individual, el 202
Indonesia 308
infarto de miocardio, el 267
infección, la 265
inflador de neumáticos, el 113
inflador, el 249
inflamación, la 266
información turística, la 148
informal 30
informática, la 156
informático, el 166
informe, el 174
infusión de hierbas, la 93
ingeniera, la 167
ingeniería, la 162
ingle, la 252
ingresar dinero 138
inhalador, el 267
inodoro para camping, el 249
inodoro, el 53
inquilina (female), la 39
inquilino (male), el 39
insecticida, el 248
insecto palo, el 333
insomnio, el 267
instalar un programa 181
instituto de investigación, el 162
instrumentos de dentista,
    los 270
instrumentos para operar,
    los 274
intensidad de la corriente, la 62
intercambio, el 157
intercomunicador, el 50
interfono, el 38
intermitente, el 110, 117
internado, el 154
interrupción del embarazo,
    la 261
interruptor, el 62
intersección, el 107
intestino ciego, el 258
intestino delgado, el 258

intestino grueso, el 258
intolerancia alimentaria, la 103
intolerante 26
intoxicación, la 269
introducir 180
inundación, la 314
invernadero, el 63
investigación, la 162, 284
invierno, el 342
ir al baño 53
ir en todoterreno 220
ir en trineo 219
ir marcha atrás 107
Irak, (el) 308
Irán, (el) 308
iris, el 272, 322
Irlanda 299
irse a la cama 51
isla, la 295, 316
Islandia 299
Islas Marshall, las 310
Islas Salomón, las 311
isquion, el 257
Israel 308
Italia 299

J

jabón, el 34
jacinto silvestre, el 320
jacinto, el 322
jade, el 318
jaguar, el 325
Jamaica 302
jamón, el 68, 96
Japón 308
jarabe para la tos, el 276
jardín botánico, el 150
jardín de azotea, el 63
jardín de infancia, el 154
jardín de rocalla, el 63
jardín en la ladera de un monte,
    el 150
jardinero paisajista, el 167
jardinero, el 168
jardines, los 150
jardines del palacio, los 150
jarra, la 102
jarrón, el 43
jazz, el 231
jeans, los 31
jefe de equipo, el 174
jefe, el 175
Jenga®, la 245
jengibre, el 84
jerez, el 94
jeringa, la 276
jersey de cuello alto, el 29
jirafa, la 326
jiu-jitsu, el 213
Jordania 308
joven, el (la) 18, 24
joyería, la 141
jubilarse 175
jubilarse 21
juego de mesa, el 245
jueves, el 343

juez de línea, el 198, 202
juez(a), el 166, 202
jugador de ataque, el 197
jugador de golf, el 205
jugador suplente, el 197
jugadores de campo, los 197
jugar a la rayuela 160
jugar al póquer 244
jugo de grosella, el 92
jugo de manzana, el 92
jugo de naranja, el 92, 96
jugo de pomelo recién exprimido,
    el 92
jugo de tomate, el 92
jugo de zanahoria, el 92
jugoso (-a) 61
juguete, el 50
juguetería, la 141
julio, (el) 343
Júpiter, (el) 292–293
juzgar a alguien por su
    apariencia 24

K

kárate, el 213
kayak, el 211
Kazajistán 308
kebab, el 99
kendo, el 213
Kenia 305
kétchup, el 85
kick boxing, el 213
kilogramo, el 345
kilometraje, el 114
kilómetro, el 344
kinder, el 21
Kirguistán 308
Kiribati 310
kit para pinchazos, el 119
kitesurf, el 212
kiwano, el 80
kiwi, el 80
koala, el 325
koi, el 331
kumquat, el 81
kung-fu, el 213
Kuwait 309

L

la mayoría 339
la mejor marca personal 206
la una 342
la una del mediodía 340
laberinto, el 151
labio (vaginal), el 261
labio, el 22
lacrosse, el 221
ladera, la 315
lagarto, el 330
lago, el 150, 295, 315
lámina, la 174
lámpara, la 51
lámpara de araña, la 43
lámpara de dentista, la 270
lámpara de escritorio, la 51,
    172

lámpara de petróleo, la 249
lámpara empotrada, la 44
lámpara quirúrgica, la 274
lámpara, la 42, 159
lamparilla, la 49
lana, la 239
lancha de la guardacostas,
    la 288
lancha motora, la 128
lanzamiento de disco y martillo,
    el 206
lanzamiento de falta, el 195
lanzamiento de jabalina, el 206
lanzamiento en apoyo, el 197
lanzamiento en suspensión,
    el 197
lanzar 196
lanzar a canasta 199
lanzar la caña 217
lanzar los dados 245
Laos 309
lapislázuli, el 318
lápiz de color, el 235
lápiz de ojos, el 35
lápiz, el 155, 173
larguero, el 196
laringe, la 255
las cinco 340
las cinco de la tarde 341
las cuatro 340
las cuatro de la tarde 341
las diez 340
las diez de la noche 341
las diez y media 341
las doce del mediodía 340
las doce menos cuarto 341
las doce y cinco 341
las dos 340
las dos del mediodía 341
las nueve 340
las nueve de la tarde 341
las nueve y cuarto 341
las ocho 340
las ocho de la tarde 341
las once 340
las once de la noche 341
las seis 340
las seis de la tarde 341
las siete 340
las siete de la tarde 341
las siete menos veinte 341
las tres 340
las tres del mediodía/de la
    tarde 341
lasaña, la 100
lata de pintura, la 61
latitud geográfica, la 298
lavabo, el 53, 54
lavadora de carga frontal, la 56
lavadora, la 56
lavanda, la 83, 321
lavaplatos, el/la 44
lavar la ropa 56
lavarse 55
lavarse los dientes 55
lazarillo (perro), el 268

PHOTO CREDITS

* – © Fotolia.com

16 */Alexander Raths, 16 */Jeanette Dietl, 16 */Forgiss, 16 */paulmz, 16 */fotodesign-jegg.de, 16 */mimagephotos, 16 */Syda Productions, 16 */iko, 16 */Jeanette Dietl, 16 */drubig-photo, 16 */oocoskun, 16 */damato, 17 */vbaleha, 17 */Rido, 17 */Ljupco Smokovski, 17 */Jeanette Dietl, 17 */Janina Dierks, 17 */Valua Vitaly, 17 */Rido, 17 */Andres Rodriguez, 17 */Syda Productions, 17 */Valua Vitaly, 18 */Dmitry Lobanov, 18 */Samuel Borges, 18 */DenisNata, 18 */Pavel Losevsky, 18 */Gabriel Blaj, 18 */WONG SZE FEI, 18 */vgstudio, 18 */Picture-Factory, 18 */Ariwasabi, 19 */endostock, 19 */mma23, 19 */Jasmin Merdan, 19 */Tom Wang, 19 */Michael Gray, 19 */JanMika, 19 */BeTa-Artworks, 19 */michaeljung, 19 */Savannah1969, 19 */patpitchaya, 19 */Sabphoto, 19 */Cello Armstrong, 19 */eyetronic, 20 */Danilo Rizzuti, 20 */Ruth Black, 20 */Smileus, 20 */chesterF, 20 iStockphoto/Catherine Yeulet, 20 */Denis-Nata, 20 */Melinda Nagy, 20 */Kaarsten, 20 */MISHELA, 20 */Eray, 20 */Unclesam, 20 */satin_111, 20 */Michael Fritzen, 21 */yanlev, 21 */BeTa-Artworks, 21 */Margit Power, 21 */Brenda Carson, 21 */Africa Studio, 21 */Piotr Marcinski, 21 */Fotowerk, 21 */AVRORA, 21 */stockyimages, 21 */Tyler Olson, 21 */ExQuisine, 21 */Glenda Powers, 21 Thinkstock/iStockphoto, 22 */Valua Vitaly, 22 */codiarts, 22 */Jaimie Duplass, 23 */krimar, 23 */magann, 23 */Stefan Balk, 23 */Kaponia Aliaksei, 23 */koji6aca, 23 */yuriyzhuravov, 23 */yuriyzhuravov, 23 */Ermolaev Alexandr, 23 */V.R.Murralinath, 23 */badmanproduction, 23 */Anton Zabielskyi, 23 */auremar, 23 */koji6aca, 24 */mimagephotos, 24 */Tiler84, 24 */velazquez, 24 */giorgiomtb, 24 */apops, 24 */dusk, 24 */Knut Wiarda, 24 */stokkete, 24 */Taiga, 24 */Taiga, 24 */Taiga, 25 */Taiga, 25 */Karramba Production, 25 */Robert Kneschke, 25 */cantor pannatto, 25 */Garrincha, 25 */Picture-Factory, 25 */bevangoldswain, 25 */WavebreakMediaMicro, 25 */Rido, 25 */Minerva Studio, 25 */cantor pannatto, 25 */Fotowerk, 25 */Fotowerk, 26 */Gelpi, 26 */stockyimages, 26 */WavebreakmediaMicro, 26 */pathdoc, 26 */Ilike, 26 */pathdoc, 26 */Andres Rodriguez, 26 */Garrincha, 26 */cantor pannatto, 26 */pressmaster, 26 */vladimirfloyd, 26 */Elnur, 26 */Klaus Eppele, 27 */boumenjapet, 27 */Vera Anisratenko, 27 */carol_anne, 27 */Andrey Armyagov, 27 Thinkstock/NikolayK, 27 */srdjan111, 27 */Zbyszek Nowak, 27 */Pamela Uyttendaele, 27 */Michaela Pucher, 27 */Katrina Brown, 28 */ghoststone, 28 */nito, 28 */zhekos, 28 */chiyacat, 28 */Alexandra Karamyshev, 28 */BEAUTYofLIFE, 28 */Lucky Dragon, 29 */Karramba Production, 29 */BEAUTYofLIFE, 29 */Khvost, 29 */Khvost, 29 */Elnur, 29 */Popova Olga, 29 */Artem Gorohov, 29 */Elnur, 29 */Ruslan Kudrin, 29 */Gordana Sermek, 29 */Alexandra Karamyshev, 30 */alaterphotog, 30 */Elnur, 30 */Elnur, 30 */Ruslan Kudrin, 30 */Alexandra Karamyshev, 30 */Alexandra Karamyshev, 30 */Oliver Preißner, 30 */Robert Lehmann, 30 */Alexandra Karamyshev, 31 */mimagephotos, 31 */Alexandra Karamyshev, 31 */Alexandra Karamyshev, 31 */ludmilafoto, 31 */okinawakasawa, 31 Thinkstock/Alexandru Chiriac, 31 */cedrov, 31 */Khvost, 31 */hitashion, 31 */Alexandra Karamyshev, 31 */Alexandra Karamyshev, 32 */Little_wine_fly, 32 */Jiri Hera, 32 */rangizzz, 32 */Jiri Hera, 32 */Andrew Buckin, 32 Thinkstock/Danny Chan, 32 */Artem Merzlenko, 32 */Cobalt, 32 */fotomatrix, 32 */Rozaliya, 32 */adisa, 32 */Kira Nova, 32 */Shariff Che'Lah, 32 */venusangel, 32 */Unclesam, 32 */srki66, 33 */adisa, 33 */adisa, 33 */lalouetto, 33 */PRILL Mediendesign, 33 */Africa Studio, 33 */adisa, 33 */Andrey Bandurenko, 33 */Nadinelle, 33 */design56, 33 */Sergey Rusakov, 33 */Jiri Hera, 33 */gemenacom, 33 */Andre Plath, 33 */Alexander Raths, 33 */Liaurinko, 33 */thaikrit, 33 */humbak, 34 */wiedzma, 34 */kontur-vid, 34 */Tharakorn, 34 */picsfive, 34 */pattarastock, 34 */NilsZ, 34 */picsfive, 34 */picsfive, 34 */ksena32, 34 */cristi180884, 34 */bpstocks, 34 */nito, 34 */Tarzhanova, 34 */bpstocks, 34 */terex, 34 */ihphoto, 35 */Gennadiy Poznyakov, 38 */JSB, 38 */stocker1970, 38 */photo 5000, 38 */Tiberius Gracchus, 38 */Ralf Gosch, 38 */visivasnc, 38 */Lasse Kristensen, 38 */Speedfighter, 38 */Bokicbo, 38 */typomaniac, 38 */O.M., 38 */designsstock, 38 */Tatty, 39 */Kurhan, 39 */selensergen, 39 */Brilliant Eagle, 39 */Iriana Shiyan, 39 */terex, 39 */Sashkin, 39 */bcdesign, 39 */pyzata, 39 */Thomas Aumann, 39 */Tiberius Gracchus, 39 */Igor Kovalchuk, 39 */Maksym Yemelyanov, 39 */pabijan, 40 */Magda Fischer, 41 */Kasia Bialasiewicz, 41 */bennnn, 41 */Bert Folsom, 41 */Aleksandar Jocic, 41 */yevgenromanenko, 41 */Aleksandr Ugorenkov, 42 */Iriana Shiyan, 42 */luchshen, 42 */sokrub, 42 */sokrub, 42 */okinawakasawa, 43 */pics721, 43 */Delphimages, 43 */arteferretto, 43 */Kitch Bain, 43 */Chris Brignell, 44 */stock_for_free, 44 */kornienko, 45 */mrgarry, 45 */mariocigic, 45 Thinkstock/Hemera, 45 */Alexander Morozov, 45 */Denis Gladkiy, 45 */Sergii Moscaliuk, 45 */sutsaiy, 45 */sutsaiy, 45 */okinawakasawa, 45 */Alexander Morozov, 45 */venusangel, 45 */bergamont, 45 */Alexander Morozov, 45 */sutsaiy, 45 */manipulateur, 45 */kmiragaya, 46 */fotyma, 46 */Denisa V, 46 */jonnysek, 46 */Kitch Bain, 46 */pholien, 46 */Alona Dudaieva, 46 */M.R. Swadzba, 46 Thinkstock/iStockphoto, 46 */bennyartist, 46 */Nikola Bilic, 46 */cretolamna, 46 */Igor Syrbu, 46 */Piotr Pawinski, 47 */cretolamna, 47 */Harald Biebel, 47 */gavran333, 47 */M.R. Swadzba, 47 */IrisArt, 47 */Diana Taliun, 47 */cretolamna, 47 */M S, 47 */nito, 47 */Bombaert Patrick, 47 */scol22, 47 */cretolamna, 47 */picsfive, 48 */Sunshine Pics, 48 */VRD, 48 */petrsalinger, 48 */cretolamna, 48 */gavran333, 48 */Uwe Landgraf, 48 */nito, 48 */Schwoab, 48 */cretolamna, 48 */Stefan Balk, 48 */karandaev, 48 */Lucky Dragon, 48 */PhotoSG, 49 */2mmedia, 50 */Andres Rodriguez, 50 */simmittorok, 50 */Liliia Rudchenko, 50 */venusangel, 50 */Ljupco Smokovski, 50 */Maksim Kostenko, 50 Thinkstock/Stockbyte, 50 */Xuejun li, 50 */Ljupco Smokovski, 50 */Coprid, 50 */Yingko, 51 */poligonchik, 52 */arsdigital, 53 */adpePhoto, 53 */Africa Studio, 53 */Tiler84, 53 */NilsZ, 53 */Africa Studio,

53 */Coprid, 54 */magraphics.eu, 54 */sommersby, 54 */ermess, 54 */AndG, 55 */ILYA AKINSHIN, 55 */Lusoimages, 55 */Hamster-Man, 55 */jlcst, 55 */Foto-Ruhrgebiet, 55 */Dmytro Akulov, 55 */picsfive, 55 */ibphoto, 55 */Jonathan Stutz, 55 */Jackin, 55 */ganko, 55 */artmim, 55 */Klaus Eppele, 56 */Sashkin, 56 */Creatix, 56 */Andreja Donko, 56 */Katrina Brown, 56 */Ljupco Smokovski, 57 */Okea, 58 */kmit, 58 */luckylight, 58 */tuja66, 58 */tuja66, 58 */corund, 58 */tuja66, 58 */Rynio Productions, 58 */mick20, 58 */Denis Dryashkin, 58 */tuja66, 58 */claudio, 58 */CE Photography, 58 */tuja66, 58 */Бурдюков Андрей, 58 */vav63, 59 */Rynio Productions, 59 */Rynio Productions, 59 */Rynio Productions, 59 */PRILL Mediendesign, 59 */fefufoto, 59 */antonsov85, 60 */anders-photo, 60 */scis65, 60 */venusangel, 60 */Coprid, 60 */f9photos, 60 */tuja66, 60 */Konovalov Pavel, 60 */Freer, 60 */Nik, 60 */chungking, 60 */mariusz szczygieł, 61 */auremar, 61 */Africa Studio, 61 */ankiro, 61 */Ionescu Bogdan, 61 */piai, 61 */Denys Rudyi, 62 */Nomad_Soul, 62 */gradt, 62 */twister025, 62 */egorovvasily, 62 */womue, 62 Thinkstock/iStockphoto, 62 Thinkstock/iStockphoto, 62 */cherezoff, 62 */by-studio, 63 */coco, 63 */D. Ott, 63 */D. Ott, 63 */federicofoto, 63 */babsi_w, 63 */Stibat Studio, 63 */Kara, 63 */Jeanette Dietl, 63 */sonne fleckl, 63 */keller, 63 */miket, 63 */WoGi, 63 */M. Schuppich , 63 */Marco Becker , 63 */kobra78 , 63 */Kalle Kolodziej, 64 */mallivan, 64 */Zbyszek Nowak, 64 */opasstudio, 64 */hsagencia, 64 */photka , 64 */photka , 64 */photka , 64 */photka , 64 */Gerald Bernard , 64 */Jaimie Duplass , 64 */steamroller , 64 */tompet80 , 64 */schankz, 64 */keerati, 65 */hopfi23, 65 */Alex Petelin, 65 */Patryssia, 65 */D. Ott, 65 */Horticulture, 65 */Kasia Bialasiewicz, 65 */mopsgrafik, 65 */B. Wylezich, 65 */foto-schab, 65 */Miredi, 65 */udra11, 65 */NinaMalyna, 65 */rupbilder, 68 */unpict, 68 */Teamarbeit, 68 */Christian Jung, 68 Dreamstime/Christianjung, 68 */HLPhoto, 68 */ExQuisine , 68 */rdnzl, 68 */uckyo, 68 */ExQuisine, 68 */lefebvre_jonathan, 68 */Cornerman, 68 */Mara Zemgaliete, 68 iStockphoto/Vasko, 68 */Diana Taliun, 68 */oksix, 68 Shutterstock/marco mayer, 69 */ExQuisine, 69 */ExQuisine, 69 */fotomaster, 69 */Eric Isselée, 69 */boguslaw, 69 */Eric Isselée, 69 */nito, 69 */Irina Khomenko, 69 */Viktor, 69 */Oran Tantapakul, 69 */lightpoet, 70 */Rémy MASSEGLIA, 70 */Natalia Merzlyakova, 70 Dreamstime/Witoldkr1, 70 */Picture Partners, 70 */antonio scarpi, 70 */Gaetan Soupa, 70 */o.meerson, 70 */ExQuisine, 70 Dreamstime/Pipa 100, 70 */lunamarina, 70 */HelleM, 70 */Dalmatin.o , 70 */Witold Krasowski, 70 */Andrei Nekrassov, 70 */Dionisvera, 70 */Dionisvera, 71 */angorius, 71 */Dani Vincek, 71 */felinda, 71 */Andrey Starostin, 71 */pedroliеb, 71 */ExQuisine, 71 Dreamstime/Onepony, 71 */dulsita, 71 */Giuseppe Lancia, 71 */margo555, 71 */BSANI , 71 */womue, 71 */Jiri Hera, 72 */ExQuisine, 72 Dreamstime/Sethislav, 72 */volff , 73 */dimakp, 73 Shutterstock/Multiart, 73 Shutterstock/Krzysztof Slusarczyk, 73 */Daddy Cool, 73 */Brad Pict, 73 Dreamstime/Jack14, 73 */cynoclub, 73 */Picture Partners, 73 */Lsantilli , 73 */Coprid, 73 Fotofermer, 73 */Brad Pict, 73 */Mara Zemgaliete, 74 */Dani Vincek , 74 */Natika, 74 */Luis Carlos Jiménez, 74 */angorius, 74 */marrfa, 74 */Natika, 74 */fotogal, 74 */Shawn Hempel, 74 */Jessmine, 74 */Daorson, 74 */Jérôme Rommé, 74 */gcpics, 74 */Picture Partners, 75 */valeriy555, 75 */valeriy555, 75 */Barbara Pheby, 75 */volga1971, 75 Dreamstime/Robynmac, 75 */Anna Kucherova, 76 */jerome signoret, 76 */boguslaw, 76 */fotomatrix, 76 */World travel images, 76 */margo555 , 76 */margo555 , 76 */margo555 , 76 */margo555 , 76 */Wolfgang Jargstorff, 77 */valeriy555, 77 */silencefoto, 77 */valeriy555, 77 */valeriy555, 77 */silencefoto, 77 */valeriy555, 77 */photocrew, 77 */valeriy555, 77 */Anna Kucherova, 77 */valeriy555, 77 */Malysh-chyts Viktar, 77 */charlottelake, 77 */valeriy555, 78 */tycoon101, 78 */Zbyszek Nowak, 78 */M.R. Swadzba, 78 */Schlierner, 78 */Ekaterina Lin, 78 */Andrey Starostin, 79 */azureus70, 79 */azureus70, 79 */valeriy555, 79 */Dionisvera, 79 */valeriy555, 79 */valeriy555, 79 */Andrea Wilhelm, 79 */valeriy555, 79 */valeriy555, 79 */valeriy555, 79 */valeriy555, 79 */vale-riy555, 79 */Anna Kucherova, 80 */Malyshchyts Viktar, 80 */Malyshchyts Viktar, 80 */Malyshchyts Viktar, 80 */Malyshchyts Viktar, 80 */Malyshchyts Viktar, 80 */Malyshchyts Viktar, 80 */Malyshchyts Viktar, 80 */Malyshchyts Viktar, 80 */Malysh-chyts Viktar, 80 */Natika, 80 */Malyshchyts Viktar, 80 */Malyshchyts Viktar, f9photos, 80 */Malyshchyts Viktar, 80 */Oleksiy Ilyashenko, 80 */Tim UR, 80 */valeriy555, 80 */valeriy555, 80 */Natika, 80 */valeriy555, 81 Dreamstime/Skyper1975, 81 */Werner Fellner, 81 */marilyn barbone, 81 */nblxer, 81 */goodween123, 82 */Popova Olga, 82 */Popova Olga, 82 */mates, 82 */Popova Olga, 82 */Popova Olga, 82 */Popova Olga, 82 */Popova Olga, 82 */pimponaco, 82 */Schlierner, 82 */svl861, 82 */svl861, 82 Dream-stime/Margouillat, 83 */Team 5, 83 MDB/seli8, 83 */unpict, 83 */Tomboy2290, 83 */nbriam, 83 */Vera Kuttelvaserova, 83 */Vesna Cvorovic, 83 */Maceo, 83 */scis65, 84 Thinkstock/iStockphoto, 84 Thinkstock/iStockphoto, 84 Thinkstock/iStockphoto, 84 Thinkstock/iStockphoto, 84 Thinkstock/iStockphoto, 84 Thinkstock/iStockphoto, 84 Thinkstock/iStockphoto, 84 Thinkstock/iStockphoto, 84 Thinkstock/iStockphoto, 84 Think-stock/iStockphoto, 84 Thinkstock/iStockphoto, 84 Thinkstock/iStockphoto, 84 Thinkstock/iStockphoto, 84 Thinkstock/iStockphoto, 84 Thinkstock/iStockphoto, 84 Thinkstock/iStockphoto, 85 Dreamstime/Sergioz, 85 */Africa Studio, 85 */Orlando Bellini, 85 */Inga Nielsen, 85 */Inga Nielsen, 85 */Inga Nielsen, 85 */Boris Ryzhkov, 86 */Popova Olga, 86 */Popova Olga, 86 */Popova Olga, 86 */Popova Olga, 86 */Popova Olga, 86 */Popova Olga, 86 */Popova Olga, 86 */Popova Olga, 86 */Popova Olga, 86 */Popova Olga, 86 */Popova Olga, 86 */Popova Olga, 86 */Elena Schweitzer, 86 */Picturefoods.com, 87 Dreamstime/Jirkaejc, 87 Dreamstime/Glasscuter, 87 */Andrzej Tokarski, 87 Dreamstime/Pryzmat, 87 */Stefano Neri , 87 */Roxana, 87 */enzo4, 87 */Stefano Neri, 87 */akulamatiau, 87 */zorandim75, 87 */marilyn barbone, 88 */pico, 88 */Sergejs Rahunoks, 88 Dreamstime/Givaga, 88 */Piovanello, 88 */Piovanello, 88 */the_pixel, 88 */Liaurinko, 88 */nemez210769, 88 */midosemsem, 88 */Jiri Hera, 88 */juri semjonow, 88 */Brad Pict, 88 Dreamstime/Travelling-light, 88 Dreamstime/Synchronista, 88 */Julian Weber, 88 */IrisArt ,

BEAUTYofLIFE, 161 */ia_64, 161 */lu-photo, 162 */Jörg Lantelme, 162 */Berni, 162 */Jeanette Dietl, 162 Thinkstock/Brand X Pictures, 162 */Randall Reed, 162 */Minerva Studio, 162 */trotzolga, 162 */johannesspreter, 162 */Africa Studio, 162 */Alexander Raths, 162 */contrastwerkstatt, 162 */agenturfotografin, 162 */lightpoet, 163 Thinkstock/James Woodson, 163 */CandyBox Images, 163 */ Igor Mojzes, 163 */WavebreakmediaMicro, 163 */Africa Studio, 163 */Andres Rodriguez, 163 */xy, 163 */apops, 163 */pearl, 163 */ Robert Kneschke, 163 */Markus Haack, 163 */lightpoet, 164 */Minerva Studio, 164 */WavebreakmediaMicro, 164 */goodluz, 164 */ lightpoet, 164 */goodluz, 164 */Kzenon, 164 */CandyBox Images, 164 */Fuse, 164 */goodluz, 164 */pearl, 164 */mangostock, 164 Thinkstock/IStockphoto, 164 Thinkstock/Digital Vision, 165 */contrastwerkstatt, 165 */A_Bruno, 165 */WavebreakmediaMicro, 165 */ Geo Martinez, 165 */Geo Martinez, 165 */endostock, 166 */Minerva Studio, 166 */apops, 166 */bevangoldswain, 166 */Adam Gregor, 166 */Kzenon, 166 */Kzenon, 166 */michaeljung, 166 */ontrastwerkstatt, 166 */Tyler Olson, 166 */Valentina R., 166 */contrastwerkstatt, 166 */Iurii Sokolov, 166 */Kzenon, 166 */Picture-Factory, 166 */Rido, 166 */nyul, 167 */goodluz, 167 */Kadmy, 167 */Peter Atkins, 167 */jörn buchheim, 167 */Kadmy, 167 */Kurhan, 167 */krizz7, 167 */Kadmy, 167 */ikonoklast_hh, 167 */Marén Wischnewski, 167 */apops, 167 */goodluz, 167 */Cyril Comtat, 167 Thinkstock/Andriy Fomenko, 167 */manu, 167 */petert2, 168 */Monika Wisniewska, 168 Thinkstock/iStockphoto, 168 */goodluz, 168 */Minerva Studio, 168 */Kzenon, 168 */Kzonon, 168 Thinkstock/ Photodisc, 168 */Kzenon, 168 */Claudia Nagel, 168 */Minerva Studio, 168 */Kzenon, 168 */contrastwerkstatt, 168 */CandyBox Images, 168 */Kzenon, 168 */Kzenon, 168 */Kurhan, 169 */goodluz, 169 */contrastwerkstatt, 169 */Igor Mojzes, 169 */mezzotint, 169 */claudiaveja, 169 */Andrey Kiselev, 169 */WavebreakmediaMicro, 169 */Elnur, 169 */diego cervo, 169 */Africa Studio, 169 */ Africa Studio, 169 */berc, 169 */Natali_ua, 169 Thinkstock/Fuse, 169 */lightpoet, 169 */contrastwerkstatt, 172 */terex, 172 Thinkstock/iStockphoto, 172 */nikkytok, 172 */marcoprati, 172 */eyewave, 172 */Africa Studio, 173 */Africa Studio, 173 */Diana Taliun, 173 */Rulan, 173 */interklicks, 173 Thinkstock/iStockphoto, 173 Thinkstock/iStockphoto, 173 */Corwin, 173 */rangizzz, 173 */ monstersparrow, 174 */Picture-Factory, 174 */Carlos Caetano, 174 */vda_82, 174 */vetkit, 174 */Jacek Fulawka, 174 */masterzphotofo, 175 */Viorel Sima, 175 */Mi.Ti., 175 */Brian Jackson, 175 */juniart, 175 */Oksana Kuzmina, 175 */Marcin Sadlowski, 178 */ TAlex, 178 */karandaev, 179 */Maksym Yemelyanov, 179 */Vitas, 179 */romantiche, 179 */rawcaptured, 179 */AVD, 179 */Sergey Dashkevich, 179 Thinkstock/iStockphoto, 179 */Artur Synenko, 179 */dimakp, 179 */heigri, 179 */Lusoimages, 179 */Apart Foto, 179 */sonne fleckl, 179 */Manuela Fiebig, 179 */Klaus Eppele, 179 */Artur Synenko, 180 */Gina Sanders, 180 */snyfer, 180 */snyfer, 180 */Iurii Timashov, 180 */Iurii Timashov, 180 */Iurii Timashov, 180 */Iurii Timashov, 180 */Iurii Timashov, 180 */Iurii Timashov, 180 */ WonderfulPixel, 180 */Iurii Timashov, 180 */Iurii Timashov, 180 */Iurii Timashov, 181 */WonderfulPixel, 181 */WonderfulPixel, 181 */ WonderfulPixel, 181 */WonderfulPixel, 181 */WonderfulPixel, 181 */vasabii, 181 */grgroup, 181 */Skipio, 181 */vector_master, 181 */ Scanrail, 181 */Vectorhouses, 181 */Vectorhouses, 181 */Vectorhouses, 182 */Metin Tolun, 182 */inal09, 182 */electriceye, 182 */Do Ra, 182 */Do Ra, 182 */Do Ra, 182 */Do Ra, 182 */Do Ra, 182 */Do Ra, 182 */Do Ra, 182 */Palsur, 182 */marog-pixcells, 182 */ Palsur, 183 */mtkang, 183 */Taffi, 183 */pizuttipics, 183 */by-studio, 183 */Scanrail, 183 */RTimages, 183 */Aleksandr Bryliaev, 183 */JcJg Photography, 183 */Coprid, 183 */tanatat, 183 */Palsur, 183 */Andrew Barker, 184 */ashumskiy, 184 */Gewoldi, 184 */Vitas, 184 */singkham, 185 */Sebalos, 185 */tomispin, 185 */manaemedia, 185 */Niceregionpics, 185 */thanomphong, 185 */Lusoimages, 186 Thinkstock/Alexander Podshivalov, 186 */wellphoto, 186 */Stefan Körber, 186 */Pavel Losevsky, 187 */TrudiDesign, 187 */ WavebreakmediaMicro, 187 */ArtHdesign, 187 */valdis torms, 187 */cirquedesprit, 187 */Alexandra Gl, 187 */Sergey Nivono, 187 */ Imkenneth, 187 */WavebreakMediaMicro, 188 */jfv, 188 */pressmaster, 188 */jminso679, 188 */Marco2811, 188 */Johanna Mühlbauer, 188 */A_Bruno, 189 */pedrosala, 189 */fotomatrix, 189 */Uwe Bumann, 189 */robert, 189 */Milan Surkala, 189 */the_builder, 189 */reich, 190 */Scanrail, 190 */Dron, 190 */drubig-photo, 190 */mirabella, 190 */gradt, 191 */gradt, 191 Thinkstock/iStockphoto, 191 */JiSIGN, 191 */JiSIGN, 191 */JiSIGN, 191 */Rido, 191 */auremar, 194 */mirpic, 194 */KB3, 194 Thinkstock/Stockbyte, 195 */ lesniewski, 195 */Lario Tus, 195 */Melinda Nagy, 195 */kostasaletras, 195 */contrastwerkstatt, 195 */beachboyx10, 196 Thinkstock/ iStockphoto, 196 */Val Thoermer, 197 Thinkstock/Dorling Kindersley RF, 197 */snaptitude, 198 */Pavel Losevsky, 198 */.shock, 198 */ Nicholas Piccillo, 198 Thinkstock/Photodisc, 198 Thinkstock/Photodisc, 198 Thinkstock/Photoobjects.net, 198 */.shock, 198 */ micromonkey, 199 */kromkrathog, 199 Thinkstock/Fuse, 199 */Stian Iversen, 200 */Tan Kian Khoon, 200 */modestil, 200 */Igor Sokolov, 200 */piai, 200 */Will Hughes, 200 */Actionpics, 200 */Kelpfish, 200 */Africa Studio, 200 */Brocreative, 200 */karaboux, 200 */Lance Bellers, 200 */Sean Gladwell, 200 */by-studio, 201 */kanate, 201 */by-studio, 201 */Michael Pettigrew, 201 Thinkstock/ Ingram Publishing, 202 */Katya Constantine, 202 */Nicholas Piccillo, 203 */Dmitry Vereshchagin, 203 */PinkBlue, 203 */PinkBlue, 203 */PinkBlue, 204 */Kris Strach, 204 */Kzenon, 204 */Kzenon, 205 */Quasarphoto, 205 */sumnersgraphicsinc, 205 */sumnersgraphicsinc, 205 */Veniamin Kraskov, 205 */Apart Foto, 205 */RTimages, 206 */zozulinskyi, 206 */Stefan Schurr, 206 */berc, 206 */ mezzotint, 206 */ekarin, 206 Thinkstock/Digital Vision, 207 */Sportlibrary, 207 */lilufoto, 207 */roibu, 207 Thinkstock/TongRo Images, 207 */lilufoto, 207 Thinkstock/iStockphoto, 207 Thinkstock/iStockphoto, 207 */Michael Rosskothen, 207 */Oscar Brunet, 207 */Oscar Brunet, 207 Thinkstock/Comstock/JupiterImages, 208 */alessandro0770, 208 */Stefan Schurr, 208 */Maridav, 208 Thinkstock/ moodboard, 208 */endostock, 208 */lightpoet, 208 */yanlev, 208 Thinkstock/Fuse, 208 */Wong Hock Weng, 209 */Andres Rodriguez,

First edition for the United States of America and Canada published in 2015
by Barron's Educational Series, Inc., Hauppauge, NY.

© Copyright PONS GmbH, Stuttgart, Federal Republic of Germany, 2014

First published in German under the title, *Bildwörterbuch English Deutsch*.

All inquiries should be addressed to:
Barron's Educational Series, Inc.
250 Wireless Boulevard
Hauppauge, NY 11788
www.barronseduc.com

ISBN: 978-1-4380-0603-1

Library of Congress Control Number: 2014946939

Printed in Italy

9 8 7 6 5 4 3 2 1